MARLIES STUDER-ETTER

Trennung, Scheidung und Identität

MARLIES STUDER-ETTER

Trennung, Scheidung und Identität

Untersuchungen und Überlegungen
zum veränderten Identitätserleben nach einer Trennung
anhand einer Fragebogen-Erhebung

JUNFERMANN-VERLAG · PADERBORN

1985

Meinen Kindern
Brigitte und Martin gewidmet

© Junfermannsche Verlagsbuchhandlung, Paderborn 1985
Lektorat: Christoph Schmidt
Einband-Gestaltung: Christof Gassner
Alle Rechte, insbesondere das der Übersetzung in fremde Sprachen, vorbehalten.
Nachdruck oder Vervielfältigung des Buches oder von Teilen daraus nur mit ausdrücklicher Genehmigung des Verlages.
Gesamtherstellung: Junfermannsche Verlagsbuchhandlung und Verlagsdruckerei, Paderborn
ISSN 0172-5475
ISBN 3-87387-252-8

INHALTSVERZEICHNIS

	Vorwort	7
1.	Vorverständnis	9
2.	Relevanz - Diskussion	11
3.	Hypothesen	14
4.	Theorien	17
4.1.	Identitätskonzept:"Fünf Säulen der Identität" (nach H. Petzold)	17
4.2.	Ehetypus und Bedeutung der Eheauflösung für die soziopsychische Situation des Geschiedenen (nach L. Roussel)	19
4.3.	Wandlung von Ehe und Familie unter dem Einfluss der industriellen Revolution im 19. Jahrhundert (nach A. Wagnerová)	21
4.4.	"Komplementäre Identität" und "Kollusion" (nach R.D. Laing)	22
4.5.	Die Kollusion in der Zweierbeziehung: eine besondere Form der Partnerwahl für die Zielvorstellungen einer Ehe (nach J. Willi)	24
5.	Datenerhebung und Fragebogen	26
6.	Interpretation der Rohdaten	30
6.1.	Leiblichkeit	31
6.2.	Soziales Netzwerk	36
6.3.	Materielle Sicherheit	47
6.4.	Arbeit und Leistung	49
6.5.	Werte	49
7.	Ueberprüfung der Hypothesen	54
7.1.	Hypothese 1	54
7.2.	Hypothese 2	82
7.3.	Hypothese 3	87
7.4.	Hypothese 4	99
8.	Zusammenfassung	108
	Anhang: Fragebogen	110
	Literatur	116

VORWORT

Diese Arbeit hat sich über mehrere Phasen zur heute vorliegenden Form hin entwickelt. An ihrem Entstehen sind zu jeder Zeit Menschen beteiligt gewesen, die mich angeregt und ermutigt haben, mich tiefer mit Trennung und Scheidung auseinanderzusetzen, als es die Leitung einer Selbsterfahrungsgruppe mit diesem Thema unbedingt erfordert hätte.

Die therapeutische Begegnung mit Frauen und Männern, die sich ihrer persönlichen Situation gestellt haben und sich mit ihr eingehender zu beschäftigen gewillt waren, hat mich immer wieder beeindruckt und bewegt. Ich sehe sie alle im Hinblick auf diese Arbeit als Auslöser für einen jahrelangen eigenen Prozess des Verarbeitens, Ueberlegens und Ordnens von Erfahrungen, an denen sie mich teilhaben liessen. Ihnen allen und besonders jenen ehemaligen Gruppenteilnehmern und -teilnehmerinnen, die sich an der Umfrage aktiv beteiligt haben, danke ich herzlich für ihre Mitarbeit. Sie haben mir eine Arbeit im hier vorliegenden Rahmen erst möglich gemacht.

Prof. Dr. Hilarion Petzold schulde ich Dank für sein Interesse und seine aktive Förderung dieser Arbeit, die er mir auch durch die Vermittlung von Literaturangaben und Sonderdrucken zuteil werden liess.

Mit Dr. Ruedi Signer hatte ich mehrere Male Gelegenheit, das der Arbeit zugrundeliegende Konzept ausführlich zu diskutieren. Seine Ueberlegungen zum Thema aus der Sicht des Mannes waren für mich besonders wertvoll. Sie haben mitgeholfen, mein Augenmerk vermehrt auf die zwar unterschiedliche, aber emotional doch ähnliche Situation von betroffenen Männern und Frauen zu richten. Mit seinen Anregungen und seiner aufbauenden Kritik hat er den ganzen Weg der Entstehung dieser Arbeit mitverfolgt. Ich danke ihm herzlich für die lebendige Art seiner Begleitung.

Mit ihrem Interesse an meiner Arbeit, mit Fragen und Ideen aus
ihren spezifischen beruflichen Bereichen haben mir Woldimar
Brubacher, Regine Glass-Rösing und Klaus Stangier Impulse vermittelt, die ich als Erweiterung und Bereicherung meiner eigenen
Sichtweise empfunden habe. Ihnen allen sei hier für ihre wertvolle Unterstützung herzlich gedankt.

Basel, im Dezember 1984.

1. Vorverständnis

Im Jahre 1978 hat "Christ und Welt" Basel erstmals eine Tagung für getrennt lebende und geschiedene Frauen in der Tagungsstätte Leuenberg ausgeschrieben. Als selber Betroffene wurde ich zur Mitarbeit ins Vorbereitungsteam eingeladen. Hier entstand auch die Idee, als Weiterarbeit am Thema "Getrennt - wie weiter?" für Tagungsteilnehmerinnen eine Selbsterfahrungsgruppe anzubieten.

Frauen sollten dadurch einen Ort finden, wo sie ohne die so sehr gefürchtete Kritik der "Gesellschaft" auch ihren Aengsten und ihrem Schmerz über das sie erschütternde Geschehen Ausdruck verleihen konnten. Ueber die Arbeit in der Gruppe hofften wir, die oft massiven Gefühle von Verlassenheit und eigener Minderwertigkeit aufzufangen und innerhalb der kleinen Gemeinschaft den Mut zu neuem Vertrauen in eine vorerst noch dunkle, ungewisse Zukunft zu fördern und zu stärken.

"Christ und Welt" hatte sich auch bereit erklärt, diesem für sie neuen Versuch mit einer Defizitgarantie vorerst für drei, dann für sechs Monate Starthilfe zu gewähren. Diese erste Gruppe, mit deren Leitung ich gemeinsam mit einer ebenfalls geschiedenen Kollegin betraut worden war, blieb neun Monate zusammen; d.h. bis die finanziellen Mittel erschöpft waren. Die Kollegin spürte schon nach kurzer Zeit, dass sie nicht motiviert war, mit der Scheidungsproblematik als Hauptthema weiterzuarbeiten.

Da diese Gruppenarbeit ein positives Echo ausgelöst hatte, wurden an den Tagungen zwischen 1979 bis 1982 weitere fünf Selbsterfahrungsgruppen, jetzt aber zusätzlich auch für männliche Teilnehmer angeboten. Die "Defizitgarantie" wurde fester Budgetbestandteil von "Christ und Welt" und die Arbeit damit auch von den äusseren Bedingungen her für ein volles Jahr gesichert.

Der wöchentliche Kontakt über mehrere Jahre mit vom gleichen Problem - der Trennung vom Partner - betroffenen Menschen hat mich bewogen, nicht nur therapeutisch mit ihnen zu arbeiten, sondern mich auch vermehrt mit den gemeinsamen Persönlichkeitsmerkmalen dieser Klientengruppe zu befassen. Dies um so mehr, als ich selbst eine Scheidung und später eine Trennung nach länger dauernder Partnerschaft erlebt habe.

Gerade durch das eigene Betroffensein habe ich mich auch vermehrt mit den Hintergründen beschäftigt, die eine in ihren Anfängen erfreuliche Partnerschaft schliesslich misslingen lassen.

Während Jahren wiederkehrende Beobachtungen und Erfahrungen in Gruppenarbeit und Einzeltherapien haben mich angeregt, mich vertieft mit einschlägiger Literatur zu befassen. Nicht nur Trennung und Scheidung als einschneidende Ereignisse im Schicksal eines Einzelnen haben mich interessiert. Vielmehr sind es die psychischen Zusammenhänge, die vorerst zu dieser - meist als einzigartig erlebten - Paarbildung aber später über Beziehungsprobleme zu deren Auflösung hinsteuern.

Im Theorieseminar der gestalttherapeutischen Ausbildung am Fritz Perls Institut bin ich dem Konzept von den "fünf Säulen der Identität", wie es Hilarion Petzold vorstellt, begegnet. Mir wurde sofort klar, dass ich mit diesem Theorie-Ansatz viele, oft wenig auffällige Bemerkungen von Klienten über ihre alltäglichen Erlebnisse und Erfahrungen unter einem neuen Blickwinkel betrachten und entsprechend anders einzuordnen, zu gewichten und zu verstehen beginne.

So fasste ich den Entschluss, Erfahrungen aus sechs Jahren Gruppenarbeit, aber auch aus Einzeltherapien mit Getrenntlebenden und Geschiedenen neu zu gliedern. Sie sollen auf dem Hintergrund verschiedener, mir aus der Literatur bekannter Theorien neu beleuchtet werden.

2. Relevanz - Diskussion

Mit der Frage nach Trennung und Scheidung ist unlösbar auch die Frage nach der Bedeutung der Ehe und ihrer Entwicklung bis in die heutige Zeit verbunden.

Sowohl eheliche Verbindung wie der Modus ihrer späteren Auflösung sind eng verknüpft mit den Normen, Gesetzen, Zielsetzungen und allgemeinen Lebensumständen einer ganz bestimmten Gesellschaft.

Verallgemeinernd kann gesagt werden, dass die Motivation zur Eheschliessung zu allen Zeiten darin lag, eine Lebensform zu konzipieren, die es Mann und Frau erlaubt, in diesem Rahmen ihre leiblichen, geistigen, seelischen, sozialen, materiellen, beruflichen und ethischen Bedürfnisse und Strebungen als Ganzes möglichst umfänglich zu verwirklichen. Wird das Ziel einer solchen Ganzheitlichkeit nicht in dem Sinne erreicht, wie dies den gültigen Normen der für diese Partner verbindlichen Gesellschaft entspricht, sieht diese Gesellschaft meist auch eine ihr gemässe Form der Auflösung der Ehe vor. In unseren westlichen Gesellschaften wird heute beim Auftauchen von Krisen eine Ehe wesentlich leichter aufgelöst als noch zu Beginn dieses Jahrhunderts.

Zur Vorbereitung der Revision des Scheidungsrechtes in der Schweiz hatte das Institut für Ehe und Familie in Zürich im Auftrag des Bundesamtes für Justiz in Bern wissenschaftlich gesicherte Unterlagen über die verschiedenen Bereiche (persönlich, gesundheitlich, sozial, wirtschaftlich, beruflich) zu erarbeiten.

Aus dieser 1980 publizierten Dokumentation geht hervor, dass die Scheidungsrate in der Schweiz pro 100 Heiraten von 3,1 im Jahre 1900 nach einer vorübergehenden Spitze 1945 von 9,2 seit 1967 rasant auf 16,5 im Jahre 1977 angewachsen ist.

Das Forschungsprojekt befasst sich auch durch Befragungen von
neun Berufsgruppen, die sich professionell mit Teilbereichen der
Scheidung beschäftigen, mit den Gründen, die zu einer derartigen
Zunahme von Scheidungen führen.

Als stärkste Faktoren treten dabei "Fehlen, bezw. Abnahme religiöser Bindung" und "Wohlstand" hervor. Etwas weniger gewichtig
werden "Emanzipation der Frau" und "sexuelle Freiheit" genannt.

Literatur, die sich mit den Auswirkungen von Trennung und Scheidung auf die Gesamtpersönlichkeit der betroffenen Erwachsenen
bezieht, habe ich kaum gefunden. Die meisten Autoren bearbeiten
Teilaspekte und nähern sich von ihrem Fachbereich her dem Problem
"Scheidung" z.B. juristisch, seelsorgerlich, soziologisch, medizinisch, psychologisch, etc. Besonders eingehend werden in der
vorliegenden Literatur die Trennungsfolgen für die Kinder aus
Ehen in der Scheidungskrise beleuchtet.

Mit Berichten über Gruppen- und Einzeltherapie nach der Trennung
befassen sich Arbeiten von Mel Krantzler (1975), Norman L. Paul
(1980), Dietrich Stollberg (1974), Alena K. Wagnerová (1982). Sie
alle betonen die Wichtigkeit des Durcharbeitens sowohl der Ehe-
wie auch der Scheidungsgeschichte, die Annahme des Schmerzes, das
Durchleben der Trauer, die Unumgänglichkeit des Abschiednehmens.

Theoretische Ansätze über die Interdependenz von Ehe- und Scheidungsmodellen in verschiedenen Epochen liegen der Arbeit von
Wagnerova zugrunde. Die Art und Weise, wie sich diese auch heute
noch - quasi als Relikte - in gelebten Beziehungsformen darstellen, ergibt den Rahmen für ihre Untersuchungen, Erfahrungsberichte, Erkenntnisse zum Thema "Anspruch und Scheitern einer
Lebensform."*

Eine empirische Untersuchung über die Auswirkungen der
Trennungs- und Scheidungssituation auf dem Hintergrund des Identitätskonzeptes, wie Petzold (1982) es mit den tragenden Bereichen von Leiblichkeit, sozialem Netzwerk, Arbeit und Leistung, materiellen Sicherheiten und von Werten (= "fünf Säulen der Identität") herausstellt, ist mir nicht bekannt. Diese Arbeit soll hier geleistet werden.

* s. Seite 15

3.   Hypothesen
_____

Im Rahmen der über mehrere Jahre dauernden praktischen Arbeit mit
Getrenntlebenden und Geschiedenen (Gruppen und Einzeltherapie)
hat sich bei mir die Ueberzeugung verstärkt, dass die Tatsache
der Trennung einer so engen Zweierbeziehung, wie die Ehe sie
darstellt, von den meisten Betroffenen als massiver Einbruch
erlebt wird.

Partner, die sich entschlossen haben, von nun an eigene Wege zu
gehen, erweisen sich in Einzelgesprächen häufig als erschreckt,
oft auch angstvoll im Hinblick auf die vielschichtigen Trennungs-
schritte, die sie zu unternehmen haben, um die einmal eingeschla-
gene Richtung auch wirklich beizubehalten.

Das Gerichtsverfahren zieht sich weit mehr in die Länge, als zuvor erwartet. Oft wird vom zuständigen Gerichtspräsidenten eine
Ehetherapie als Versöhnungsversuch vorgeschlagen. Bei Zerrüttung
müssen psychologische Gutachten beigebracht werden, welche die
Unzumutbarkeit einer Weiterführung bekräftigen. Die Motivation
des auf eine Scheidung drängenden Partners wird auf eine harte
Probe gestellt. Er wird durch die einzelnen Schritte des Verfah-
rens wie auch durch die unvermeidlichen Begegnungen mit dem für
ihn problematisch gewordenen Partner meist viel mehr aufgewühlt,
als er dies nach aussen hin zu erkennen gibt.

Der trennungs-unwillige Partner erlebt als erstes meist einen
Schock, der für ihn katastrophenähnliche Ausmasse annimmt. Sein
ganzes inneres und äusseres Gleichgewicht gerät ins Wanken. Ratlos, hoffnungslos und verlassen fühlt er sich seinen Gefühls-
stürmen, aber auch einer als verständnislos und hart erlebten
Umwelt ausgeliefert. Nach kurzem Interesse für den "Fall" ver-
langt sie von ihm Vernunft, gesunden Menschenverstand und kompli-
kationslosen "Uebergang zur Tagesordnung".

Trauer, ein Sich-beklagen werden von den Unbeteiligten als lästig empfunden. Taktlose Bemerkungen aus dem Bekannten- oder Kollegenkreis, wie z.B. "... an dem verlierst du ja auch nicht viel ..." oder "... kannst ja froh sein, dass du sie losgekriegt hast ...", führen den Betroffenen aus Angst vor weiteren Verletzungen und Kränkungen noch tiefer in Verlassenheit und Isolierung. Gefühle der Trauer werden allgemein als inakzeptabel unterdrückt oder zumindest getarnt. Dominieren sie jedoch, fühlt sich der Betroffene einerseits ausgestossen und andererseits schuldig, weil er offensichtlich die Stimmung der anderen stört. Er zieht sich auf sich selbst zurück und läuft Gefahr, aus Mangel an echter Kontaktmöglichkeit in Depressionen und/oder psychosomatische Leiden abzusinken.

Trennungs- und Scheidungsverfahren an sich lösen natürlicherweise bei beiden Betroffenen einen intensiven Prozess aus, der im besten Falle zu innerer Verarbeitung und einer Neuorientierung im Leben des Einzelnen führt.

Eine derartige Verarbeitung zu ermöglichen und zu fördern, ist Ziel einer Therapie mit Klienten, die in Trennung oder Scheidung begriffen sind. Je nach Schwere des Trennungsschocks empfiehlt sich vorgängig zur Selbsterfahrungsgruppe eine Anzahl Einzeltherapiestunden. Sie sollen dem neu sich mit der Situation des Getrenntlebens konfrontierten Klienten Gelegenheit bieten, sich vorerst nur mit der eigenen Lage zu befassen, wird diese doch immer als einmalig, aussergewöhnlich und besonders tragisch erlebt.

Ich beschränke mich für die vorliegende Arbeit auf vier Hypothesen, die sich sowohl aus der Erfahrung mit einzelnen Klienten, als auch mit Teilnehmern an den Selbsterfahrungsgruppen ergeben haben.

Hypothese 1
Bedingt durch Trennung und Scheidung werden alle fünf Säulen der Identität labilisiert, d.h. Leiblichkeit, soziales Netzwerk, materielle Sicherheit, Arbeit und Leistung, Werte.

Hypothese 2
Bei der Frau wird die Säule "Werte" insofern besonders betroffen, als sie Mühe bekundet, sich selbst in der Situation der geschiedenen Frau zu akzeptieren.

Hypothese 3
Beim Mann gelangt die Säule "soziales Netzwerk" besonders nachhaltig ins Wanken. Seine Tendenz, möglichst umgehend eine neue Beziehung aufzunehmen, ist erhöht.

Hypothese 4
Eine Scheidung wird für die Partner meist deshalb unumgänglich, weil bei der Eheschliessung Unklarheiten inbezug auf den Inhalt der beiderseitigen Zielvorstellungen bestanden haben.

4. Theorien

Aus der im Zusammenhang mit dem Thema "Trennung und/oder Scheidung einer Partnerschaft" durchgearbeiteten Literatur werden nachfolgend fünf verschiedene Theorien vorgestellt. Diese haben einerseits zur Bildung der Hypothesen beigetragen. Andererseits sollen sie zur Ueberprüfung und Interpretation der Daten beigezogen werden.

Die Auswahl spiegelt die Richtung meiner eigenen theoretischen Interessen. Sie repräsentiert für mich einen wesentlichen Erklärungswert für die Frage nach der in letzter Zeit stetig ansteigenden Scheidungstendenz und die damit verbundenen Konsequenzen für das Lebensgefühl des dadurch als Partner betroffenen Individuums

4.1. Identitätskonzept: "Fünf Säulen der Identität"
(nach H. Petzold 1982)

Durch das Zusammenwirken von Identifikation (sich auf dem Hintergrund seiner eigenen Geschichte erkennen als der, der man ist) und Identifizierung (von den Menschen seines relevanten Bezugsrahmens auf dem Hintergrund der gemeinsamen Geschichte als der erkannt werden, als der man gesehen wird) wird Identität für das Ich gewonnen.

Dieser Prozess ist möglich in einem längeren Zeitablauf innerhalb eines einigermassen stabilen sozialen und oekologischen Kontextes. Sich selber in Kontext und Kontinuum verstehen zu lernen, bedeutet, seinen Sinn im Zusammenhang, seinen Sinn in Uebereinstimmung mit anderen zu finden.

PETZOLD schreibt: "Identitätserleben als die zentralste Funktion des Ichs, als das Erleben des "Ich-Selbst", des Bei-sich-Seins und des Mit-anderen-Seins, abgegrenzt und zugleich im Kontakt "koexistierend", ermöglicht, die Veränderungen des Zeitkontinuums, der situativen Kontexte, der wechselnden Rollenperformanzen und Rollenschicksale, die Verluste und Zugewinne im Rollen-Repertoire auszuhalten."

Wesentlich ist auch die Doppelgesichtigkeit von Identität als Ausdruck sowohl von Identifikation wie von Identifizierung. Zu einem vollen Identitätserleben sind sämtliche fünf Säulen der Identität notwendig. Alle fünf Bereiche wirken zusammen, sind auch gegenseitig voneinander abhängig, beeinflussen sich wechselseitig.

4.1.1. Leiblichkeit

als Ort meines Lebens und Erlebens. Gleichzeitig auch Ort der Begegnung mit meinem gesamten Umfeld. Ueber meine Leiblichkeit bin ich in der Lage, mich selbst und andere wahrzunehmen und auch von den anderen als in dieser Welt existent erkannt zu werden.

4.1.2. Soziales Netzwerk

ermöglicht es mir, innerhalb einer kleinsten bis unendlich grossen Menschengruppe meinen Raum als Zugehöriger zu beanspruchen, von ihr auch zugesprochen zu bekommen, aber auch den übrigen Menschen als ein sie Erkennender ihnen ihren Raum zuzugestehen und gegen meinen eigenen abzugrenzen.

4.1.3. Arbeit und Leistung

Durch mein konkretes Tun erkenne und verwirkliche ich mich selbst. Gleichzeitig trage ich durch mein Wirken dazu bei, als ich selbst erkannt zu werden.

4.1.4. Materielle Sicherheit

Ueber materielle Absicherung und Besitz verschaffe ich mir Identifikationsmöglichkeiten, die sich über die Identifizierung sogar als soziale Rangzugehörigkeit auswirken können.

4.1.5. Werte

sind dadurch, dass sich eine grössere Gemeinschaft zu ihnen bekennt, der tragfähigste Bereich. Die Werte werden sozial vermittelt; als zu dieser Gruppe Gehöriger sind es meine Werte, die ich mit anderen teile. Bedingt durch langsame Verwandlung sind sie von hoher Beständigkeit und langer Dauer.

4.2. Ehetypus und Bedeutung der Eheauflösung für die soziopsychische Situation des Geschiedenen
(nach L. Roussel 1979)

L. Roussel, Paris, erörtert den inneren Zusammenhang zwischen vorherrschendem, in einer aktuellen Gesellschaftsstruktur verankertem Ehemodell und dem von eben dieser Gesellschaft juristisch vorgesehenen Auflösung-Procedere.

Als nach den archaischen Gesellschaftsformen, in denen verwandtschaftliche Strukturen und Normen die Ehe sicherten, die Gattenfamilie für das Funktionieren und die Stabilität der Gesellschaft verantwortlich erkannt wurde, erklärten die Gesetzgeber die Ehe als institutionell unauflöslich.

Je mehr im Verlaufe der jüngsten Zeit der Staat Aufgaben (z.B. Erziehung, Dienstleistungen, Beratung, etc.) übernimmt, desto mehr wird die Eheschliessung eines Paares zur Privatsache der Beteiligten.

Aus der "Ehe als Institution" (Geschäftsinteressen, Erhaltung der
Dynastie, etc.) wird über die nachfolgende Form "Ehe als Bündnis"
(= affektive Solidarität) und die "Ehe als Verschmelzung" (= sog.
Liebesehe) die heute numerisch im Zunehmen begriffene "Ehe als
Partnerschaft". Durch Aufstellung eines Vertrags bei der Eheschliessung, der dem Paar möglichst viele Annehmlichkeiten ver-
schaffen soll, wird Scheidung zum "Auseinandergehen", einem
streng privaten Ereignis, bei dem die Modalitäten durch die Partner (oder ihre Anwälte) weitgehend selbst geregelt und durch den
Richter nur noch abgesegnet werden.

So kann angenommen werden, dass die heute grössere Scheidungs-
häufigkeit vor allem von der Verbreitung jener Ehemodelle ab-
hängt, die ihrem Wesen nach eine grössere Scheidungswahrschein-
lichkeit einschliessen.

In ähnlicher Weise verändern sich auch naturgemäss die psychischen Folgen, die der Geschiedene durch den Sinn zu erwarten hat,
den der Staat diesem "Eingriff" verleiht. Betroffen wird das
Identitätsgefühl in seiner Einstellung zum persönlichen Wert.

Wird eine Scheidung bei der traditionellen, institutionalisierten
Ehe vom Gesetzgeber erschwert, wird der Geschiedene weitgehend
aus der Gesellschaft ausgestossen.

Die "Ehe als Bündnis" ist als Ausdruck affektiver Solidarität im
Prinzip unauflösbar. Nur ein schweres Vergehen gegen die Ehe
rechtfertigt Scheidung als Sanktion gegen den "schuldigen" Partner. Gefühle der Schande, der Aechtung durch die Gesellschaft
sind die Folge.

Handelt es sich um eine "Verschmelzungs-Ehe", wird einer Scheidung das Attribut des Scheiterns zugegeben. Dies löst bekannter-
massen schwere seelische Krisen, Schuldgefühle und Angst, wie
auch traumatische Folgen (z.B. Suizid oder Versuche dazu, etc.)
aus.

Am wenigsten bestrafend wirkt sich die Scheidung beim Partnerschaftsmodell aus, bei dem von Anfang an die Erwartungen in die Ehe als Lebensform wie auch in den Partner als Verantwortlichen für "ewige eigene Glückseligkeit" wesentlich realistischer angesetzt sind als bei den beiden auf intensive affektive Solidarität und totales Engagement ausgerichteten Modelle.

4.3. Wandlung von Ehe und Familie unter dem Einfluss
 der industriellen Revolution im 19. Jahrhundert
 (nach A. Wagnerová 1982)

Alena K. Wagnerová sieht eine wesentliche Ursache der steigenden Scheidungsrate ebenfalls im gesellschaftlichen Wandel.

Wurde in Europa auf dem Tridentiner Konzil (1545 - 1563) die Ehe als Sakrament zur verbindlichen Kirchenlehre und kirchliche Trauung als obligatorisch erklärt, brachte im 18. Jahrhundert die Aufklärung mit ihrer Auffassung der Ehe als Vertrag zwischen zwei freien Individuen neue Aspekte in das Verständnis der Ehe. Allerdings wurde Scheidung als Bedrohung der sittlichen Ordnung noch immer stark abgelehnt.

Die grosse Wendung brachte die industrielle Revolution im 19. Jahrhundert. Die Familie verlor dadurch mehr und mehr ihre bisherige Bedeutung als wirtschaftliche Einheit, in der jedes Familienglied seine spezielle Funktion zu erfüllen hatte. Oeffentliche Welt der Arbeit und Produktion wurden nun der privaten Welt von Familie und Reproduktion gegenüber gestellt.

So rückte auch - mit dem Zeitalter der Romantik - die persönliche emotionale Beziehung als Grundlage von Ehe und Familie ins Zentrum. Der Familienverband reduzierte sich auf die Zweigenerationengruppe. Es wurde wesentlich häufiger geheiratet (18. Jahrhundert: 50% der Population, 19. Jahrhundert: 70%, heute über 90%).

Weil der unverheiratete Mensch nicht mehr im Lebens- und Produktionsverband einer Grossfamilie seinen sinnvollen Platz finden konnte, musste er selber eine Familie gründen, um nicht allein zu sein. Durch die erhöhten Lebenserwartungen in unserem Jahrhundert (z.B. bessere medizinische Versorgung, geringere Sterblichkeit der Frauen im Wochenbett, etc.) wird naturgemäss auch die mögliche Dauer einer Ehe verlängert. Die "natürliche" Auflösung der Ehe durch den (frühen) Tod eines Partners verringert sich.

Der Zweierbeziehung als tragendem Teil der Familie kommt grössere Bedeutung zu. Die Verantwortung für das emotionale, innerfamiliale Klima kann sowohl zur Herausforderung für individuelles Wachstum der Partner, wie aber auch zu vermehrter Unsicherheit und Angst vor dem Misslingen, dem Scheitern der Ehe führen.

4.4. "Komplementäre Identität" und "Kollusion"
(nach R.D. Laing, 1969)

Ronald D. Laing schreibt: "Alle Identitäten erfordern einen anderen: einen anderen in einer und durch eine Beziehung, mit der sich Selbst-Identität verwirklichen lässt. Der andere kann einem durch seine Aktionen eine ungewollte Identität aufdrängen"... und: "Mit Komplementärverhältnis bezeichne ich die Funktion personaler Beziehungen, durch die der andere sein Selbst erfüllt oder ergänzt".

In der Zweierbeziehung konstituieren sich die Rollen des Gebenden und Nehmenden, des Aktiven und des Passiven im weitesten Sinne des Wortes und auf alle Lebensbereiche angewandt.

Ist der eine Partner auf die eine Rolle fixiert und zwingt er den anderen, den Gegenpart zu übernehmen, identifiziert er ihn gleichzeitig mit der ihm zugeschriebenen Rolle. Die Weigerung, eine solche vom Partner "verordnete" Identifizierung zu akzeptieren, führt oft in den inneren Konflikt, an sich Angenehmes, Gewünschtes sich zu versagen, um dem Partner die Genugtuung zu verwehren, dass er sich durchgesetzt und "gesiegt" habe.

"Im Begriff Kollusion klingen das Spielen mit der Täuschung und die Täuschung selbst an. Es ist ein "Spiel", das von zwei oder mehr Leuten gespielt wird, die sich dabei gegenseitig täuschen. Das Spiel i s t das Spiel gegenseitiger Selbst-Täuschung. Jeder spielt das Spiel des anderen, wobei es nicht notwendig ist, dass er sich dessen voll bewusst ist. Ein wesentlicher Grundzug des Spiels ist, nicht zuzugeben, dass es ein Spiel ist" ..."Kollusion wird immer dann endgültig erreicht, wenn man im anderen jenen anderen findet, der einen in dem falschen Selbst (das durch Selbst-Täuschung entsteht) "bestätigt"... Jeder hat einen anderen gefunden, der ihm seine eigene falsche Vorstellung von sich bekräftigt und diesem Eindruck den Schein von Realität verleiht".

Laing zeigt auf, wie verwirrend und schliesslich zerstörerisch sich Identifizierungen auswirken können, die nicht durch den anderen auf Grund seiner eigenen Identifikationen verifiziert und nötigenfalls korrigiert oder zurückgewiesen werden. In dem Wunsche, einem Partner <u>um jeden Preis</u> zu gefallen, liegt insofern eine Gefahr, als sich der Verliebte dazu verleiten lässt, sich auf diese Art von Täuschungs-/Selbst-Täuschungs-Spielen einzulassen.

4.5. Die Kollusion in der Zweierbeziehung: eine besondere Form der Partnerwahl für die Zielvorstellungen einer Ehe

(nach J. Willi, 1975)

Nach Jürg Willi sind die beiden Partner in der Phase der Verliebtheit bestrebt, ein gemeinsames Selbst so aufzubauen, dass sich das individuelle Selbst des einen mit demjenigen des anderen zu einem harmonischen Ganzen verbindet. Die Partner sieht er als durch gemeinsame, meist unbewusste Grundannahmen (über Ehe und Beziehung) verbunden. Die gemeinsamen Vorstellungen und Phantasien bilden sowohl die emotionale Basis der gegenseitigen Anziehung, wie aber auch die Grundlage zum Paarkonflikt. Willi verwendet als Ordnungsprinzipien für die vier Konfliktgruppen das psychoanalytische Entwicklungsmodell.

Der narzisstische Paarkonflikt verbindet durch die gemeinsame Sehnsucht nach d e r absoluten, idealen, durch nichts getrübten Symbiose, deren Unerreichbarkeit durch unablässiges Zufügen von Enttäuschungen klargestellt werden muss.

Der orale Paarkonflikt entsteht aus der Ueberzeugung, dass Liebe sich in ihrer Beziehung als pflegende, sorgende Mutter-Kind-Beziehung manifestieren muss.

Im anal-sadistischen Paarkonflikt sind sich die Partner unausgesprochenerweise darin einig, dass ihre Zweierbeziehung ohne intensive Gebundenheit, stetige Kontrolle und starke Autorität auseinanderbrechen muss.

Der phallische Paarkonflikt basiert auf der gemeinsamen Ueberzeugung, dass der Mann der Frau auf jeden Fall überlegen zu sein habe.

Meist beginnt schon früh in der Anfangsphase der Beziehung die
"Rollenzuteilung" in entweder aktiv-progressiver oder passiv-
regressiver Form. Mit Abnahme der Flexibilität im Rollenwechsel
nimmt die Konfliktanfälligkeit innerhalb der Beziehung zu. Die
"Streit-Muster" fixieren sich und erschweren durch die kränkenden
Bagatellen bis zu den rasenden grossen Auseinandersetzungen das
Alltagsleben des Paares.

Wenn ein Paar innerhalb einer Therapie motiviert werden kann,
Einsicht in die zerstörerisch wirkende gegenseitige Verflechtung
zu gewinnen und individuelle Reifungsschritte zu wagen und zuzu-
lassen, ist eine Neuorientierung der partnerschaftlichen Ziele
möglich.

Häufig ist jedoch die Angst enorm gross, die durch das Kollusionsmuster eng gewordene Beziehung überhaupt zu hinterfragen.
Durch die starre Rollenzuteilung löst schon die blosse Vorstellung, dem Partner überlassene oder überbundene Verhaltensbereiche
(wieder) selbst leben und bewältigen zu müssen, so viel Unbehagen
bis panische Angst aus, dass der für Veränderung nicht motivierte
Partner seine sämtlichen Register zieht, um den Status quo ante
aufrecht zu erhalten.

5. Datenerhebung und Fragebogen

Bei der Aussendung der Fragebogen wurden jene Teilnehmer/-innen berücksichtigt, die mindestens während drei Monaten regelmässig zu den Sitzungen erschienen waren. Aus den Gruppen von 1978 und 1979 konnten drei Teilnehmer/-innen wegen Wegzug nicht mehr ausfindig gemacht werden.

Fünf weitere Fragebogen habe ich an getrenntlebende oder geschiedene Männer geschickt, welche mir aus gemeinsamer Arbeit oder aus Einzeltherapien bekannt sind.

Im Bestreben, möglichst gezielt zu Informationen zu gelangen, die über das Identitätserleben im Zusammenhang mit Trennung und Scheidung aussagekräftig sind, wählte ich die Form des Fragebogens. Es handelt sich dabei um eine Form, mit der ich alle ehemaligen Gruppenteilnehmer/-innen zu motivieren versuchte, nochmals über ihre Situation in der Zeit der ehelichen Krise nachzudenken.

Es war gerade für Leute, die in den ersten Gruppen ab 1978 mitarbeiteten, teilweise schwierig, im Zeitpunkt der Erhebung - also nach etwa 5 Jahren - zu einzelnen Fragen klar und gültig Stellung zu nehmen. Andererseits half die Distanz vom akuten Geschehen der Trennung einigen Leuten wiederum, ihr subjektives Erleben transparenter darzustellen. So sind vor allem Veränderungen in den sozialen Beziehungen mit dem wachsenden Abstand vom Höhepunkt schmerzhafter Verstrickungen und dem Zwang zur Wandlung deutlicher und fassbarer geworden als überschaubarer, auch als notwendig akzeptierter Prozess.

Zur Konzeption der Fragen dienten als allgemeine Richtlinie die fünf Säulen der Identität nach Petzold. Jeder einzelne Bereich wurde als zentrales Thema behandelt.

Mit Essgewohnheiten, Schlaf, Sexualität, Krankheiten, allgemeine körperliche Leistungsfähigkeit, regelmässigem Konsum von Genussmitteln und Medikamenten wird in 6 Itemgruppen die Körperebene angesprochen. In einer separaten Gruppe wird auf die Gestimmtheit nach der Trennung - und zwar im Gegensatz zur Zeit des Verheiratetseins - eingegangen.

Mit 7 Items erscheint die Gruppe "soziales Netzwerk", womit Kontakte nach der Trennung berücksichtigt werden. Wichtig sind dabei die zuvor vertrauten Bezugspersonen, wie früherer Partner, gemeinsame Kinder, Herkunftsfamilie, Familie des früheren Partners, gemeinsame Freunde und Bekannte, Nachbarn. Zusätzlich ist die Frage nach neuen Begegnungen und dem Ort der Kontaktaufnahme gestellt. In dieser Gruppe werden kurze Beschreibungen und Adjektive erwartet.

Die materielle Situation nach der Trennung wird in Items mit stark subjektiver Wertungsmöglichkeit befragt. Es soll damit die persönliche Einstellung zur neuen finanziellen Situation und zur aktuellen Wohnqualität im Vergleich zur gemeinsamen Wohnsituation erhoben werden.

Im Bereich "Arbeit und Leistung" sind die 7 Items mit Ausnahme von 1 (Fortführung derselben Arbeitsstelle) und 7 (Zufriedenheitsgrad in der Arbeit) weitgehend auf die oft veränderte berufliche Situation der zuvor verheirateten Frau ausgerichtet. Die ganze Problematik des Wiedereinstiegs in den vor der Eheschliessung oder vor der Geburt der Kinder erlernten Beruf, des Zwangs, eine unterbezahlte (und damit häufig frustrierende) Arbeitsstelle annehmen zu müssen, die Problematik von Umschulung und Weiterbildung werden darin erfasst.

Um den Bereich des persönlichen Wertes geht es anhand der 5 Items in der letzten Gruppe. Zu Herkunftsfamilie, Bekannten- und Freundeskreis, Wohnquartier und Arbeitsplatz kommt als wesentlicher Teil die Frage nach der Selbstbeurteilung. In einem bewusst gesondert formulierten Item geht es darum, den gefühlsmässigen Wert der Tatsache "Scheidung" in der Gegenwart kennen zu lernen. Hier spielt wiederum die Distanz vom Trennungs- und Scheidungsprozess herein, die die Stellungnahme zu dieser neuen Realität im Sinne eines längerdauernden Akzeptationsvorganges beeinflussen kann.

Mit den Bereichen 1 (angenehme, unangenehme und besonders nachhaltige Erlebnisse), 9 (Frage nach den Veränderungen im persönlichen Leben seit Gruppenabschluss) und 10 (Frage nach weiterführenden Beziehungen, die durch die gemeinsame Gruppenarbeit angeknüpft worden sind) wird die Erlebnisebene angesprochen.

Durch eine Auswertung dieser Antwortgruppen liesse sich die Effizienz bestimmter methodischer Arbeitsansätze der Integrativen Therapie, wie sie z.B. die Bearbeitung von Träumen, Arbeit mit dem Hotseat etc. darstellt, differenzierter herausarbeiten: ein Unterfangen, das den Rahmen der vorliegenden Arbeit bei weitem sprengen würde.

Die sprachliche Formulierung der einzelnen Punkte hatte ich auf das unterschiedliche Bildungsniveau der Gruppenteilnehmer insofern auszurichten, als ich Fremdwörter oder abstrakte Begriffe durch allgemeinverständliche Ausdrücke der Umgangssprache ersetzte.

Eine weitere Datenquelle stellen die schriftlichen Protokolle der Gruppensitzungen dar. Diese geben Auskunft über die abgehandelten Themen, die Sukzession und die Leute, die besondere Anliegen eingebracht haben. Auch wichtige Einzelarbeiten sind beschrieben.

Daraus lassen sich besonders Einstellungen zu den Bereichen "soziales Netzwerk" und "Werte" besser erhellen und differenzierter ausführen. Vor allem aber erscheinen Zielvorstellungen inbezug auf die eigene - gescheiterte - Ehe, allgemeine Ansprüche und Erwartungen ans andere Geschlecht innerhalb einzelner Gruppenabende recht deutlich.

Fragen und Aengste rund um eine mögliche zukünftige Partnerwahl bringen die Kriterien ans Licht, die für die vergangene Ehe wegweisend waren.

Der Einfluss, den auf diese Erwachsenen im Alter zwischen 26 und 60 Jahren die Familie als Vermittler grundlegender Lebensmuster ausgeübt hat, sagt Wichtiges über die Macht und die langlebige Präsenz von in früher Kindheit erworbenen Leitlinien aus. Wie sehr sie auf das Identitätsgefühl und die damit verbundene Sicherheit des Einzelnen einwirken, zeigt das individuelle Verhalten innerhalb der Selbsterfahrungsgruppen - vorwiegend in der Anfangsphase.

6. Interpretation der Rohdaten

Generell sind zu den Fragebogen und zum Procedere der Datenerhebung folgende Bemerkungen vorauszuschicken:

- Für die relativ kleine Stichprobe (60 Fragebogen ausgesandt/ 37 zurückgekommen) erweisen sich die einzelnen Items als zu weit aufgefächert. Einzelwahlen verlieren durch die Vielzahl angebotener oder frei zu wählender Antwortmöglichkeiten an Aussagekraft. Hier wirkte sich die mangelnde Kenntnis über die Konstruktion von Fragebogen kontraproduktiv aus.

- Ein Vergleich der Rohdaten mit den Protokollen einzelner Gruppensitzungen lässt annehmen, dass häufig klare Aussagen vor allem über den Bereich des Körpers vermieden wurden. Schon innerhalb der Gruppe war es für einzelne Teilnehmer/Teilnehmerinnen schwierig, den Bereich "Leiblichkeit" als natürlich-menschliche Grundlage für das Erleben anzusehen. Diese Schamschranke mag bewirkt haben, dass Erinnerungen an die somatischen Reaktionen der Trennungsphase, wie sie mit Gewichtsproblemen, Kopfschmerzen, Verdauungsschwierigkeiten, Kreislaufstörungen etc. konkret in Erscheinung traten, als peinlich und "negativ" gelöscht wurden.

- Von den 55 an ehemalige Gruppenteilnehmer/-teilnehmerinnen verschickten Fragebogen sind 33 zurückgekommen.
  Eine Uebersicht über jene Leute, die nicht geantwortet haben, zeigt folgendes Bild:

    Die vier Männer sind neue Beziehungen eingegangen, wobei ein Mann wieder mit seiner zweiten Frau zusammenlebt, von der er sich vor Gruppenbeginn getrennt hatte.

Mindestens zwölf Frauen haben sich während der Gruppenzeit als wenig belastbar erwiesen: Sie zeigten sich innerhalb der Gruppe als hochgradig kränkbar, bereit wegzulaufen bei zu wenig Beachtung durch die Gruppe, teilweise kontaktgestört, einzelne auch suizidgefährdet.

Sie alle waren wohl kaum motiviert, sich nochmals mit ihrer Krisenzeit anhand eines Fragebogens intensiv auseinanderzusetzen.

6.1.   Leiblichkeit

Der Identitätsbereich "Leiblichkeit" - dargestellt in neun Tabellen - umfasst neben der Beziehung zu Nahrungsaufnahme, Schlaf, Sexualität, Krankheit auch die Fragen nach Genussmitteln, Medikamenten und zuletzt nach der Gestimmtheit in der Phase nach erfolgter Trennung vom Partner. Der Hauptakzent liegt dabei auf der Auswirkung der Veränderung von während der Ehe eingespielten Gewohnheiten auf das Körperempfinden (im weitesten Sinne).

Ich gehe davon aus, dass sich in der ersten Zeit der Ehe bestimmte Gewohnheiten herausbilden. Einerseits werden sie durch Sachzwänge, äussere Gegebenheiten wie Arbeits- und Lebensrhythmus der Partner, Grösse und Einteilung der Wohnung (z.B. Wohnküche vs. separater Essraum) etc. bedingt. Andererseits spielen aber familiäre Gebräuche der Herkunftsfamilien, welche die Partner als Selbstverständlichkeit, "es so zu tun", aufgenommen haben, eine ebenso bedeutsame Rolle.

Damit sind beispielsweise <u>Essgewohnheiten</u> angesprochen: Unter allen Umständen am sorgfältig gedeckten Tisch zu essen, kann sowohl eine frühzeitig erlernte Gewohnheit sein, "weil nie etwas anderes zur Diskussion stand", wie aber auch der Ausdruck von Disziplin und Fürsorglichkeit der eigenen Person gegenüber

- wie auch immer sie sich in einer Krise befinden mag. Auf der andern Seite muss unregelmässiges, vom momentanen Erleben abhängiges Essen nicht unbedingt als Ausdruck dieser ganz bestimmten Krise gewertet werden. Es kann sich ebenso um einen Mangel an Selbstbeherrschung eigenen momentanen Bedürfnissen gegenüber handeln, also um eine Frage der Selbststeuerung. So betrachtet, würde es um eine spezifische Ausdrucksweise gerade dieser einen Persönlichkeit gehen.

Fast die Hälfte der befragten Personen bezeichnet ihren Schlaf als ruhiger als zur Zeit der Ehe. Die Zahl der unruhiger Schlafenden deckt sich mit der Zahl derjenigen, die Medikamente regelmässig oder zeitweilig einnehmen.

Einem Pressebericht der Verbindung Schweizer Aerzte FMH vom August 1984 ist zu entnehmen, dass 12,4% der Schweizer regelmässig (2,7%) oder gelegentlich (9,7%) zu Schlafmitteln greifen. Die entsprechenden Prozentzahlen oder vorliegenden Untersuchungen liegen bei 13,5% insgesamt. Eine leichte Erhöhung ist bei dieser Gruppe Getrenntlebender und Geschiedener festzustellen.

Eine Veränderung der individuellen Schlafdauer stellen 17 der 37 befragten Personen fest.

Wie mir bekannt ist, hat sich in den Gruppen - zumindest ab 1980 - nach einer gewissen Anlaufzeit die Gewohnheit eingebürgert, nach der Gruppensitzung auf dem Heimweg einen Schlummertrunk zu genehmigen, "um besser schlafen zu können". Mit einer beachtlichen Dunkelziffer für "gelegentlichen Alkoholkonsum" als Einschlafhilfe muss deshalb gerechnet werden.

Nur für 12 der 37 befragten Personen bedeutet der Bereich
Sexualität kein Problem. Weitere 38% berichten, dass ihnen
Geschlechtsbeziehungen fehlen. Knapp die Hälfte der befragten
Personen (43%) betrachten die derzeitige Situation als unbefriedigend und nicht gelöst.

In Gruppensitzungen wurde erst bei schon gefestigtem Vertrauen
in die Gruppe das Thema Erotik und Sexualität als schwer zu
lösendes, belastendes Problem eingebracht. Kränkungen aus der
Zeit der Ehe führten in der Folge häufig zu emotionaler Abwehr
jeglicher Form von Nähe. Vereinzelt wurde aber auch ein Hunger
spürbar, die erlittene "Schlappe" möglichst rasch durch neues
Erleben zu kompensieren.

Der Unterschied zwischen Leuten, die ihre Beziehung aus eigenem
Antrieb lösten, und solchen, die vom Partner verlassen worden
waren, teilte die Gruppe, besonders bei Gesprächen über dieses
Thema - oder allgemeiner bei Nähe-Distanz-Uebungen -, in zwei
Lager. Die Tatsache des Verlassenwerdens wirkt sich auf die
Betroffenen wie ein Makel aus, den sie sowohl vor anderen wie
auch vor sich selber verborgen halten möchten. Arbeit am Thema
Erotik und Sexualität war in diesen Gruppen, in denen alle
Teilnehmer mit mehr oder minder schmerzlichen Veränderungen in
diesem Bereich sich auseinanderzusetzen hatten, immer sehr in
die Tiefe führend und dadurch meist belastend und schwierig.

Depressive Verstimmungen wurden weit weniger für die Gruppenzeit angegeben, als effektiv - häufig als larvierte Depression
oder aber hypomanisches Agitiertsein mit plötzlichen Stimmungsabfällen - in der direkten Begegnung spürbar wurden.

Zudem haben - wie in der Vorbemerkung zu diesem Kapitel erwähnt
- 12 Frauen, die häufig krisengefährdet waren, unter depres-
siven Zuständen litten, keine Antworten zurückgeschickt. Gerade
sie waren es, die in Gruppengesprächen sich häufig über irgend-
welche Schmerzzustände, Schlafstörungen, Unwohlsein etc.
äusserten.

Genussmittel, die regelmässig konsumiert werden - wie dies aus
der Fragestellung zu Item 2.6. hervorgeht - müssen für den
betreffenden Befragten eine spezifische Aufgabe erfüllen. Die
Funktion braucht jedoch dem Konsumenten nicht oder nur teilweise bewusst zu sein: Meist soll ein undeutliches, oft nicht
genauer zu beschreibendes Unbehagen behoben werden, und zwar
durch das Zuführen eines ganz bestimmten Stoffes, der sich in
früheren Situationen bewährt hat. Das "Genussmittel der Wahl"
übernimmt es also, Spannungen zu lösen und momentan Gefühle von
Wohlbefinden, Lust und Entspannung herbeizuführen.

Mit dem "regelmässigen Genuss" kann meiner Ansicht nach auch
Abhängigkeit von dem gewählten Stoff - vor allem in für diese
Person kritischen Situationen - entstehen. Ich erachte es als
möglich, dass Menschen, die Mühe haben, Spannungen auszuhalten,
auch dazu neigen, in einer Ehe auftretende Schwierigkeiten aus
tiefem vagem Unbehagen heraus zu übergehen, nicht wahrzunehmen.
So wäre die Tendenz, über Ersatzbefriedigung einer Konfronta-
tion mit der Realität auszuweichen, ein Element, das zur
Kumulation von Problemen in einer Beziehung beiträgt.

Unter diesem Blickwinkel betrachtet, stellt sich folgende
Frage: Konsumieren die beinahe 50% in unserer untersuchten
Gruppe regelmässig ein Genussmittel aus ihrer besonderen Situation von Trennung und Scheidung heraus? Oder aber könnte es
sich bei ihnen um Menschen handeln, die aus geringer psychi-
scher Belastbarkeit oder mangelnder persönlicher Reife heraus
den Aufgaben einer ehelichen Partnerschaft nicht gewachsen
sind?

Von den für Stimmungen nach der Trennung angebotenen Wahlmöglichkeiten sind "stark wechselnd" (19) und "erleichtert" (16) mit Abstand am häufigsten bezeichnet worden.

In ihrer Untersuchung "Das Bild des geschiedenen Mannes" beschreiben M. DORNIER und M. GUTZEIT u.a. die Stimmungslage geschiedener Männer. Sie unterscheiden dabei drei Phasen von Abstand vom Scheidungstermin. Auf Grund der 300 Fragebogen (mit spezifischen Fragen zu Ehe und Scheidung), die gemeinsam mit einem Giessen-Test an Interessierte abgegeben wurden, ergibt sich folgendes Bild:

Phase I: In den ersten beiden Jahren nach der Scheidung überwiegen Deprimiertheit, Gleichgültigkeit der Umwelt gegenüber, Verlassenheitsgefühle und die Ueberzeugung, ganz allgemein abgelehnt und unbeliebt zu sein.

Phase II: 2 - 5 Jahre nach der Scheidung werden die Stimmungen stark wechselnd: Schwanken zwischen Euphorie und Trauer. Durch die Tatsache der Alimentenzahlungen (jeder zweite Mann hat sie zu leisten) und die durch Kinderbesuche bedingten Kontakte mit der Ex-Frau werden schmerzliche Erfahrungen neu aufgewühlt.

Phase III: Nach 5 Jahren hat er meist sein Leben neu organisiert. Er fühlt sich selbstsicherer, weniger abhängig vom Urteil anderer. Die Ablösung vom Partner und die Verarbeitung der Erfahrungen sind jetzt erst richtig möglich geworden.

Im hier vorliegenden Material fehlt eine solche Einteilung nach Abstand vom Trennungstermin. Die darin erfassten Getrenntlebenden und Geschiedenen sind über die Tagungen in ihrer akuten Phase (I) mit dem Angebot dieser Gruppe in Kontakt gekommen.

Auf Grund meiner eigenen Erfahrungen, die vorwiegend Frauen in
der Trennungssituation betreffen, glaube ich, dass in der
Dauer, welche eine Verarbeitung dieser Erlebnisse beansprucht,
kein geschlechtsspezifischer Unterschied besteht.

Was jedoch immer wieder durchscheint, ist eine Art innerer Verpflichtung, auch "Leistungsdruck", den Trennungs- und Scheidungsschock "rasch und schmerzlos" überwinden zu müssen.

6.2.   Soziales Netzwerk

Erfahrungsgemäss zieht jegliche Veränderung innerhalb einer
Gruppierung von Menschen weitere Veränderungen nach sich. Die
Trennung eines bisher in gemeinsamem Haushalt lebenden Paares
kann als Bewegung betrachtet werden, die sich überträgt auf die
mit ihm enger oder lockerer verbundenen Angehörigen, Freunde
und Nachbarn. Jedes einzelne Glied dieser weitgefassten Gruppe
wird durch diese oft heftige Bewegung zwischen den beiden
Hauptbeteiligten mehr oder minder intensiv in seinem eigenen
Lebensbereich berührt.

Das Bedürfnis, zu der unfreiwilligen Neuorientierung Stellung
zu nehmen, kann verschiedenartigste Formen annehmen: Sie reichen von Anteilnahme, Unterstützung, wohlwollender Toleranz bis
zu aktiver Einmischung in den Konflikt (Versöhnungsversuche, zu
"Vernunft ermahnen", vom Entschluss abzubringen versuchen, mit
Abbrechen der Beziehung drohen, etc.).

Es geht bei der Trennung eines Paares - zumal wenn Kinder vorhanden sind - auch um die Auflösung eines über Jahre hinweg
gewachsenen Ganzen, der Familie. Nie ist es nur das Schicksal
dieser direkt Betroffenen, das so sehr die Gemüter bewegt,

sondern es sind - zwar meist unausgesprochen - auch eigene Gefühle von Stabilität, Sicherheit und Dauer von Bindungen im ganzen zwischenmenschlichen Bereich, die dadurch ins Wanken geraten.

An den beiden nunmehr getrennten Partnern entladen sich von allen Seiten her Emotionen, Aengste, auch verborgene Schuldgefühle. Sie prägen auf neue Weise die veränderte Beziehung zum Einzelnen.

Anliegen des Fragenkomplexes um das soziale Netzwerk ist es, auf die Veränderungen einzugehen, wie sie sich dem Getrenntlebenden in seiner neuen Situation darstellen.

Die Palette der verschiedenen Kontaktbereiche reicht in sechs Items vom früheren Partner bis hin zu den Nachbarn, die ein Stück Kontext beisteuerten, in welchem sich der Trennungsvorgang abgespielt hat.

6.2.1.   Kontakt zum früheren Partner

Sicher ist die Beziehung zum ehemaligen Partner jene Sphäre, die emotional am stärksten betroffen wird. Dies lässt sich in unserer Untersuchung schon daraus ersehen, als für die Beschreibung 26 verschiedene Bezeichnungen gewählt wurden. Sie zeigen zwar Aehnlichkeit, weisen jedoch gerade durch eine ganz bestimmte Qualität der sprachlichen Formulierung auf die tiefer berührte, dahinterliegende Gefühlslage hin.

6.2.2.   Kontakte zu den gemeinsamen Kindern

Von den 37 befragten Personen sind ein Mann und eine Frau kinderlos.

Für die übrigen 35 Leute hat das Thema "Kinder" in Gruppengesprächen häufig im Mittelpunkt gestanden. Dies geht auch aus den Fragebogen hervor, wo dem entsprechenden Item sichtlich grosse Bedeutung beigemessen wurde.

Wie die Vielfalt der gewählten Formulierungen verdeutlicht, ist das Streben nach einer guten, herzlichen Beziehung zum Kind Hauptanliegen von Vätern und Müttern.

Zwei Männer haben bei der Trennung das Sorgerecht für ihre je zwei Kinder zugesprochen bekommen.

DORNIER und GUTZEIT (1978, S.44 ff.) kommen mit ihrer Untersuchung zur Situation geschiedener Männer zu ähnlichen Resultaten:

> Nur bei jedem 10. der Befragten leben die Kinder mit ihm in einem Haushalt.

Die grosse Mehrheit der Geschiedenen spricht hier von einem guten, respektive befriedigenden Verhältnis zu den Kindern (Basis: Besuch 1 mal pro Monat, 1 Woche Ferien). Antworten auf die Frage, was sich in der Beziehung zu den Kindern geändert habe, teilen die Autoren in drei Gruppen ein.

1. Der Kontakt wurde intensiver, unbefangener, echter und interessanter, auch tiefer und zärtlicher.

2. Der Kontakt zu den Kindern wurde durch die Frau störend beeinflusst (sie wurden gegen den Vater aufgehetzt).

3. Der Kontakt wurde bei einer Minderheit der Befragten durch die Scheidung abgebrochen.

Die Autoren bieten zwei Deutungsmöglichkeiten für das gebesserte Verhältnis des Vaters zu den Kindern an:

Bedingt durch die Seltenheit der Kontakte sieht sich der Vater motiviert, dem Kinde jeden Wunsch von den Augen abzulesen, um in der Zeit der Abwesenheit des Kindes selbst den Eindruck einer guten Beziehung zu haben.

Als zweite Variante sehen sie die Möglichkeit, dass die Väter durch die Trennung ein neues, qualitativ besseres Verhältnis zu den Kindern gewonnen haben. Dieser Deutungsansatz spricht insofern für sich, als die Mehrzahl der Befragten erst nach ihrem Wegzug realisierten, wie sehr sie die Kinder, die selbstverständlich zu ihrem Alltag gehörten, nunmehr vermissen. Viele Väter gaben an, dass sie die Trennung von den Kindern als schmerzlichsten Punkt der gesamten Scheidung empfanden.

Kehren wir nun wieder zu unseren eigenen Daten zurück:

Sowohl in den von Frauen beantworteten Fragebogen wie auch in Gruppengesprächen tauchte immer wieder die Dreiecks-Problematik zwischen dem Kind und seinen getrennt lebenden Eltern auf.

Häufig wird vom alleinerziehenden Elternteil der abwesende Teil als Hauptverursacher von Problemen innerhalb der kleiner gewordenen Familie angesehen. Die Kinder reagieren wie Seismographen auf jede Schwankung innerhalb des familiären Klimas. Viele Frauen versuchen im Kampf um das eigene psychische Gleichgewicht, Begegnungen des früheren Partners mit seinen Kindern zu erschweren oder zu verhindern. Oftmals sind die Kinder - neben den Alimenten - die einzige noch verbleibende Gemeinsamkeit mit dem ehemaligen Ehemann. Solange die Partnerbeziehung noch nicht wirklich beendet ist durch eine längerdauernde Trauerarbeit, wirkt jeder - auch nur indirekte - Kontakt als irritierend und die langsam erworbene neue Balance gefährdend.

Häufig fürchten sich Frauen vor den positiven und liebevollen
Gefühlen, welche ihre Kinder dem durch das Wegsein verändert
wahrgenommenen Vater entgegenbringen könnten. Die meist unaus-
gesprochene Angst geht dahin, nach dem Partner auch noch die
Kinder - gerade an diesen Partner - zu verlieren und damit von
allen nächsten Angehörigen verlassen zu werden.

Zwei weitere Aspekte, welche eine erfreuliche Beziehung zwischen den getrennten Eltern und ihren Kindern in Frage stellen
können, möchte ich in diesem Zusammenhang zusätzlich erwähnen.
Sie haben vor allem in Gruppengesprächen Gestalt angenommen.

6.2.2.1. **Rollenverteilung in der Ehe**

Das Familien - und Ehemodell, nach welchem ein Paar seine Rollenverteilung innerhalb der Beziehung definiert hat, erweist
sich auch bei einer Trennung der Ehegatten als weiterhin wirk-
sam.

Wie A. WAGNEROVÁ (1982, S. 37) beschreibt, wurde das innen-
familiale Klima durch die Einflüsse der industriellen Revolution im letzten Jahrhundert wärmer und angenehmer. Die frühere Grossfamilie machte der Kleinfamilie Platz. Grösser wurden
dabei aber die Ansprüche an die emotionale Leistung dieser
reduzierten Gruppe von Bezugspersonen.

Vor allem schied der Ehemann und Vater, meist bedingt durch
seine Berufsarbeit ausser Hause, für viele Stunden des Tages
als aktiver Teilnehmer am Familiengeschehen aus.

Die Frau und Mutter übernahm, bedingt durch das Fehlen weiterer
naher Familienangehöriger, welche im Haushalt mitwirkten und
ihr auch einen gewissen Freiraum gewährten, die gesamte Haushaltführung und die Betreuung der Kinder.

Die Frau näherte sich durch die veränderten gesellschaftlichen
Bedingungen zu einem grossen Teil dem Idealmuster der allgemeinen Frauen- und Mutterrolle an (Moreno 1943, S. 299). Je
mehr sie dieses Rollenmuster in ihren realen Lebenskontext zu
integrieren vermochte, desto enger und symbiotischer wurde die
Mutter-Kind-Beziehung.

Zum neuen Rollenverständnis der Frau als Gattin und Mutter
gehörte als Gegenpart die Rolle des Ehemannes und Vaters als
Versorger der Familie (Moreno 1940, S. 301 ff.). Ihm wurde auch
die Rolle der Autorität überbunden. Er hatte in der Zeit seiner
Anwesenheit die Kontrolle über das Einhalten von familiären und
allgemeinen Regeln und Vorschriften auszuüben. Wenn nötig,
hatte er als "richterliche Instanz" auch die Aufgabe des
Strafens.

Diese Art der Rollenzuteilung ist mir in den letzten Jahren
häufig in der Gruppenarbeit vor allem bei Personen aus der
sozialen Grund- und Mittelschicht aufgefallen.

Die Frau nimmt für sich - besonders in einer ehelichen Krise -
die eng gefasste Mutterrolle in Anspruch.

Aus dieser Konstellation heraus ist auch zu verstehen, dass
Frauen in den meisten Fällen nicht bereit sind, auch nur im
geringsten etwas von den als "legal" erlebten mütterlichen
Ansprüchen auf Betreuung der Kinder an den Vater abzutreten. An
ihn sind ja aus dem oben beschriebenen Rollenverständnis heraus
vornehmlich die harten, emotionsarmen, strafenden Eigenschaften
delegiert worden. Auseinandersetzungen, die die Zuteilung des
Sorgerechtes betreffen, werden deshalb fast immer von den
Müttern mit unerbittlicher Härte durchgefochten, geht es doch
um viel mehr als um die Pflege der Kinder. Es geht um Sein oder
Nichtsein im Ideal der einstmals akzeptierten Mutterrolle -
selbst wenn sie diese unter innerem oder äusserem Druck seinerzeit angenommen hätten.

6.2.2.2. Partnerwahl als Kollusions-Wahl

Um eine Aufteilung von Funktionen zwischen den beiden nunmehr getrennten Partnern geht es auch beim zweiten Aspekt.

Ist die Partnerwahl im Sinne einer Kollusion zustandegekommen, bedeutet Trennung eine individuelle Katastrophe, falls nicht ein neuer Partner erscheint, der den freigewordenen Part übernimmt.

J. WILLI (1975, S. 169 ff.) beschreibt den Vorgang der Partnerwahl folgendermassen: "In der Phase der Verliebtheit gehen die Partner ganz in der Bildung eines gemeinsamen Selbst auf mit dem Bestreben, das individuelle Selbst so zu modifizieren, dass es sich mit demjenigen des Partners zu einem harmonischen Ganzen verbindet. Die Partner haben sich in ihrer Beziehung, zum Beispiel im Sinne der Kollusionsmuster, funktionell aufgeteilt, was eine enge Bindung entstehen lässt. Je grösser nun die Bereiche sind, die für den einen als eigene Verhaltensmöglichkeit ausgeklammert und somit stellvertretend vom Partner übernommen werden müssen, umso gefährdeter ist die Beziehung sowohl intraindividuell wie auch interindividuell..".

Verhängnisvoll und zerstörerisch wirken sich Paarbildungen auf anal-sadistischer Ebene aus. Sie sind seinerzeit auf der Basis von Autonomie und Abhängigkeit entstanden. Die Rollenzuschreibungen "Herrscher und Untertan" oder "Untreuer und Eifersüchtiger" haben bewirkt, dass letztlich keiner ohne den andern existenzfähig ist, es sei denn, er/sie entwickle den abgespaltenen und auf den Partner delegierten Anteil an Verhaltensmöglichkeiten in sich selbst.

Eine Scheidung von regressiv und progressiv fixierten Partnern auf die gleiche Grundannahme (z.B. Grandioses Selbst: Bewunderer / Mutter: Pflegling / Herrscher: Untertan / Untreuer: Eifersüchtiger / Mann: Frau) ist somit auch eine echte Chance, eine in der Kindheit oder Jugendzeit abgebrochene Persönlichkeitsentwicklung wieder aufzunehmen.

Häufig wird aber - wie sich das in den Gruppensitzungen in stets sich wiederholenden Klagen über den abwesenden Partner niederschlägt - vorerst versucht, das "alte Spiel" aufrecht zu erhalten.

Da jetzt der Partner nicht mehr verfügbar ist, wird von in Kollusionen verstrickten Personen versucht, die Kinder als "Go-between" einzusetzen. Verletzungen, Sticheleien, die nicht mehr in bekannter Manier direkt verpasst werden können, werden über die Kinder weitergeleitet.

Sowohl Männer als auch Frauen lassen sich durch solch indirekte Botschaften, die sie aber auch durch Ausfragen der Kinder sich hereinholen, weiterhin quälen und niederdrücken. In vielen Fällen geht es um neue Paarbeziehungen, mit denen die Kinder konfrontiert werden im sicheren Wissen darum, dass der andere Elternteil darüber umgehend informiert werden wird.

Besonders bei Paaren, die in ihrer unbewussten Kollusion miteinander verhängt bleiben, sich also nicht loslassen können, ist oft jedes Mittel gut genug, die Beziehung über fortlaufende Kränkungen am Leben zu erhalten.

Zusammenfassend kann gesagt werden:

> Die Trennung und Scheidung eines Ehepaares wirkt sich in
> positivem Sinne auch für das Einzelindividuum in der Vater-
> oder Mutter-Rolle als Stimulus für eine Neugestaltung der
> Beziehung zu seinen Kindern aus. Den betroffenen Kindern

wird dadurch angeboten, Vater und Mutter weniger als Repräsentanten einer durch gesellschaftliche Traditionen festgeschriebenen Rolle denn vielmehr als Persönlichkeit kennen zu lernen.

6.2.3. Kontakt zur Herkunftsfamilie

Als Nährboden, aus dem die Persönlichkeit des nunmehr in einer existentiellen Krise steckenden Angehörigen hervorgewachsen ist, spielt die Herkunftsfamilie als frühester Kontakt- und Lernbereich eine bedeutsame Rolle.

Für die eine Familie meint die Eheschliessung eines Sohnes, einer Tochter einen natürlichen, zu diesem Leben gehörenden Schritt. Er stellt für sie durch das Hinzukommen eines neuen Menschen und seiner Angehörigen eine Erweiterung der bestehenden Gruppe dar. Als Gegenpol mag eine andere Familie das gleiche Ereignis als Verlust des Kindes an einen "fremden Eindringling und seinen Clan" erleben.

Unter solch verschiedenartigen Blickwinkeln - in der Realität sind zahllose Schattierungen möglich - wird sich die Beziehung zum neuerdings verheirateten Angehörigen entsprechend neu definieren. Ein ähnlicher Prozess unter umgekehrten Vorzeichen wird sich im Falle einer Scheidung abspielen.

Aus unserem Material lässt sich ableiten, dass mit 25 Bezeichnungen akzeptierenden Charakters zwei Drittel der Befragten sich in ihrer Herkunftsfamilie nach wie vor wohl fühlen.

Abschliessend kann gesagt werden, dass Frauen als Töchter ihrer Herkunftsfamilien sich dort eher wieder geborgen und angenommen fühlen als die Männer als Söhne ihrer Eltern.

Für mich stellt sich hier die Frage nach der Art der Loslösung der Tochter aus dem früheren Familienverband zur Zeit der Eheschliessung. Hat unter Umständen die Herkunftsfamilie als "Orientierungshilfe in allen Schwierigkeiten des Lebens" auch während der Ehe ihre Priorität gar nie aufgegeben? Das heisst, handelt es sich bei den 21 Frauen zumindest zum Teil um solche, die den Schritt vom Elternhaus weg zum Ehepartner niemals vollständig vollzogen haben?

Aus dem Fragebogenmaterial lässt sich darauf keine Antwort finden. Aus den Sitzungsprotokollen hingegen geht hervor, dass viele der getrenntlebenden Frauen zur Zeit ihrer Teilnahme an der Gruppe in einem engen Abhängigkeitsverhältnis zu ihren Vätern und/oder Müttern standen. In der Arbeit verdeutlichte sich auch, dass das Beziehungsmuster im Sinne einer Kollusion nach WILLI wahrscheinlich vom einen Elternteil auf den Ehepartner übertragen, mit ihm weitergeführt und dann zum Anlass der Trennung geworden ist.

6.2.4. Kontakt zur Familie des früheren Partners

In der Familie des Partners nimmt die Kindheit und Jugendzeit mit all ihren Reminiszenzen Gestalt an. Verhaltensweisen, Eigenarten, Gewohnheiten erscheinen für den von aussen neu hinzukommenden, aufmerksamen Gefährten in ihrem ursprünglichen Kontext. Dem Hellhörigen können Zusammenhänge klar werden; Verständnis für das So-Sein des gewählten Partners kann entstehen und wachsen. Die Schwiegerfamilie kann aber ebensogut zum Sündenbock für die Schwächen und das Unverständliche an der Person des Ehegatten gemacht werden.

6.2.5.   Kontakt zu gemeinsamen Freunden und Bekannten

Im Gegensatz zu den Familienangehörigen spielt sich im Rahmen der freigewählten Beziehungen, also im gemeinsamen Freundes- und Bekanntenkreis eine intensive Bewegung der Differenzierung, der Stellungnahme ab. Dies zeigt sich im vorliegenden Material recht deutlich.

38%   der Befragten (14, davon 3 Männer) haben keine Beziehung mehr, 4 die Beziehung selbst abgebrochen.

27%   der Befragten (10, davon 2 Männer) haben Beziehungen teilweise verloren, zum andern Teil behalten.

24%   der Befragten (9, davon 2 Männer) erkennen Distanzierung, Abnahme der Häufigkeit, eine Verarmung.

27%   der Befragten (10, davon 4 Männer) finden den Kontakt heute erfreulich, oft intensiver als zuvor.*

* In diese letzte Gruppe gehören auch Leute, die Kontakte nur teilweise behalten haben.

In der Befragung geschiedener Frauen findet DUSS V. WERDT (1980), dass 37% den Verlust von Freundinnen und Freunden beklagen. Dieser Prozentsatz lässt sich in der vorliegenden Untersuchung mit 38% ziemlich genau bestätigen.

DORNIER und GUTZEIT geben für 55% der befragten Männer an, dass der Freundeskreis ganz oder teilweise verlorenging oder sich ambivalent zu den Geschiedenen einstelle.
Diese Zahl stimmt mit unserer Befragung überein.

In der Gruppenarbeit und in Einzeltherapien habe ich immer
wieder erfahren, wie kränkend und verletzend der sukzessive,
nie klar ausgesprochene Rückzug von Freunden und mehr noch von
gemeinsamen Bekannten erlebt wurde. Es handelt sich dabei um
ein Versickern der Beziehung, ein Sichverlieren ohne Abschied,
von dem vor allem "Nur-Hausfrauen", die sich während ihrer Ehe
eifrig um die Pflege von Gastfreundschaft bemüht haben, betroffen wurden. Häufig reagierten sie mit Bitterkeit und Groll auf
das eigene Rollenverhalten als Hausfrau und Gastgeberin im
Sinne einer Retroflexion.

6.2.6. Kontakte zu den Nachbarn

Nachbarn sind Statisten zu vergleichen, die dem Bühnenbild
Lebendigkeit und Farbe zu geben vermögen, sobald sie auf
irgendeine Weise zu agieren beginnen.

Im Kontext einer Ehescheidung können sie verschiedenartige
Rollen übernehmen und dem im Quartier verbleibenden Ehepartner
das Leben erleichtern oder aber ihn zum Wohungswechsel bewegen.

6.3. Materielle Sicherheit

Was von PETZOLD als eine der tragenden Säulen der Identität mit
"materielle Sicherheit" bezeichnet wird, erscheint in der
Sprache von Scheidungsanwälten und Gerichten als "finanzielle
Nebenfolgen".

Welchen Stellenwert sie in der Praxis, also im Leben der Geschiedenen einnehmen, zeigen die beiden Befragungen von DUSS
V. WERDT (Frauen) und DORNIER und GUTZEIT (Männer).

Für die Hälfte der Betroffenen beiden Geschlechts wurde der Lebensstandard niedriger, bei 16% der Männer und 26% der Frauen höher. Dieser Unterschied kann dadurch erklärt werden, dass viele Frauen nach der Scheidung ins Berufsleben zurückkehren und so die Alimentenzahlungen aufbessern.

40% der Männer stellen fest, dass die finanzielle Belastung durch die Alimentenzahlungen an die frühere Familie eine Wiederverheiratung ausschliessen.

In einer Rangreihenfolge der bei Männern durch die Scheidung ausgelösten Probleme stehen "Finanzen" in der Erhebung dieser Autoren nach "Trennung von den Kindern" an zweiter Stelle.

Im Rahmen unserer Untersuchung wurden im Bereich "Materielle Sicherheit" keine Fragen gestellt, welche die Verteilung von Vermögen und gemeinsamem Besitz betreffen. Auch in den beiden schweizerischen Befragungen von Männern und Frauen werden nur die Alimente als zentrale Problemstellung erwähnt.

In der therapeutischen Arbeit jedoch spielt z.B. die Aufteilung der gemeinsam erworbenen materiellen Werte, die vom Hausrat über Kunstgegenstände bis zu Liegenschaften und Landbesitz reichen können, eine nicht zu unterschätzende Rolle. Es geht dann meist nicht (nur) um den zahlenmässigen, sondern oft mehr noch um den emotionalen Wert, den bestimmte Gegenstände für den einen oder anderen Partner verkörpern.

Die Bereitschaft zu Verzicht oder aber das verbissene Kämpfen gewähren Einblick in die Verknüpfung von Erleben und Besitz. Häufig spielen auch Missgunst und Neid in der materiellen Auseinandersetzung mit; dem Partner kann auf diese Weise anderweitig erfahrene Frustration und Kränkung zurückgezahlt werden.

6.4. Arbeit und Leistung

Wie aus dem vorhergehenden Kapitel unschwer zu folgern ist, stehen "Materielle Sicherheit" und das Integriertsein in einem Beruf, der den individuellen Möglichkeiten einigermassen gerecht wird, nahe beisammen.

Mit der Situation der Trennung ist auch eine Neu- oder Um-Verteilung der monetären Mittel verbunden. Wenn das Einkommen zuvor für die Familie eben gerade ausreichte, tritt beim effektiven Auseinandergehen neben der psychischen Krise häufig auch ein empfindlich spürbarer Geldmangel in Erscheinung.

Die bisher beiläufig oder gar nicht ausser Hause tätige Frau sieht sich akut gezwungen, durch eigene Berufstätigkeit das reduzierte Budget aufzubessern. Nur in seltenen Fällen wird eine geschiedene Frau ohne Veränderung ihrer Gewohnheiten den bisherigen familiären Standard aufrechterhalten können.

Zudem wandelt sich aber auch durch das Weggehen des Partners der übliche Tagesablauf. Die Motivation, den entstandenen Freiraum durch eine Rückkehr ins Berufsleben zu nutzen, macht sich nach der Ueberwindung des ersten Schocks bemerkbar.

6.5. Werte

Für die Frage nach dem persönlichen Wert im Anschluss an die Trennung oder Scheidung hat die Doppelgesichtigkeit der Werte eine besonders wichtige Funktion.

Davon ausgehend, dass die Institution "Ehe" in der Gesellschaft einen derartigen Wert bedeutet, stellt ein scheidungswilliger Partner diesen Wert mit der Absicht, seine für ihn zu eng gewordene Beziehung zu lösen, für seine Mitmenschen in Frage.

Er muss daher befürchten, durch diese Verletzung des Wertes "Ehe" von diesen Menschen abgelehnt, verurteilt zu werden, wenn er sich für sie nicht weiterhin als "Ehepartner von..." zu identifizieren bereit ist.

Die Kehrseite dieses Vorgangs heisst, dass der Scheidungswillige nicht weiter seine Identifikation mit der Rolle des "Ehepartners von..." aufrecht erhalten will.

Für beide Seiten stellt sich - unabhängig voneinander - die Frage, wie wichtig der Wert "Ehe" als Verpflichtung, ihn unter allen Umständen zu respektieren, eingestuft wird. Von diesem Zuerkennen von Bedeutsamkeit wird letztlich die Einstellung des einzelnen durch das Trennungsereignis Angesprochenen zum Scheidungswilligen abhängen. Andererseits wird auch sein Entschluss zu einer Scheidung am Ende von seiner Grundhaltung zu eben diesem Wert "Ehe" beeinflusst werden.

Anders präsentiert sich dasselbe Ereignis für den passiven, einer Trennung - zumindest vorerst - nicht zustimmenden Partner. Er fühlt sich in seinem Wert-Verständnis von "Ehe" getroffen und meist zutiefst verletzt.

Durch den moralischen Wert, den "Ehe" auch heute noch in weiten Teilen der Bevölkerung, vor allem aber in kirchlichen Kreisen aufweist, kann der Betroffene auf emotionales Mitgehen in der Rolle des "Verlassenen", oft auch des "unschuldigen Opfers" zählen. Es findet also von der Umwelt her rasch und spontan eine Art "Um-Identifizierung" statt.

Für die eigene Identifikation mit der Rolle des "Ehepartners von..." entsteht häufig durch den mit dem Trennungsvorgang verbundenen Schock und dem Gefühl, zu Wehrlosigkeit verurteilt zu sein, eine nicht zu unterschätzende tiefe existentielle Krise. Sie weitet sich dann wellenförmig auf das gesamte

Identitätsgefühl aus. Oft wird in dieser Lage alles versucht, um die vertraute Identifikation aufrecht zu erhalten, indem man sich leidenschaftlich und mit allen Kräften an sie klammert - und damit an den trennungswilligen Partner.

Dieses Phänomen ist besonders ausgeprägt bei Leuten anzutreffen, die während vieler Jahre zusammengelebt haben.

Wenn wir dazu nach PETZOLD die Entstehung von Identität als ein Zusammenwirken von Leib und Kontext im Zeitkontinuum betrachten, scheint dies für diese Situation folgerichtig zu sein.

Wir werden uns in einem ersten Teil mit der Identifizierung, wie sie von den von uns Befragten aus der näheren und weiteren Umwelt erfahren wurde, befassen.

Mit der Herkunftsfamilie sind für jeden Menschen seine frühesten Identifizierungen verknüpft. Er bleibt für seine Eltern, Grosseltern und Geschwister weitgehend das Kind, das er immer war.

Wenn sich 9 Frauen abgelehnt, minderwertig, kritisiert oder bevormundet fühlen, kann das zwei Ursachen haben.

- Die Tochter hatte schon immer die Rolle des problematischen Kindes, von dem nichts anderes als ein Versagen auch in der Ehe zu erwarten ist.

- Die Tochter hat die hohen Wertvorstellungen über "Ehe", die in der Familie gelten, durch die Scheidung von ihrem Partner schwerwiegend verletzt. Sie hat jetzt mit Sanktionen zu rechnen, wie sie durch die gewählten Begriffe vorgegeben werden.

Bezogen auf diese Frauen kommen bei mehreren beide Deutungsansätze in Frage.

Einen Wandel in der Identifizierung durch ihre Familie haben in
positivem Sinne 4 Frauen erlebt. Sie werden heute - aus der
Kinderrolle befreit - als selbständige, verantwortungsbewusste
Menschen angenommen.

Verändern wir nun den Fokus und wechseln wir hinüber zum Thema
"Identifikation". Gemeint ist damit, dass "ein Mensch in leib-
haftigem Wahrnehmen und Handeln sich auf dem Hintergrund seiner
Geschichte als der erkennt, der er ist" (Petzold 1982).

Eine solche "Selbst-Wahrnehmung" anzuregen und damit in die
Nähe des Kerns der Identität zu rücken, war die Absicht, mit
der die beiden nächsten Fragestellungen konzipiert wurden.

Durch die Trennung vom Partner wird der Kontext des Einzelnen
insofern verändert, als sich der Ich-Du-Dialog mehr oder
weniger abrupt wandelt. Die Auseinandersetzung bekommt eine
andere, meist aggressiver und unduldsamer gefärbte Tönung.

Beide Teile des früheren Paares aber erfahren den Verlust einer
vertraut gewordenen Rolle als einen Einbruch in den Alltag,
weil mit der Aufgabe der Partner-Rollen selbstverständlich
gewordene Handlungen plötzlich wegfallen.

Wie ein solcher Wegfall subjektiv erlebt wird und wie er sich
letztlich auf das Identitätsgefühl auswirkt, findet seinen
Niederschlag auch in der Identifikation. Ich verstehe sie in
diesem Zusammenhang als Form, als Ausdruck der Stellungnahme zu
sich selbst als Handelnder im eigenen Lebensganzen.

Im Rahmen der Selbsterfahrungsgruppen ist bei den einzelnen
Teilnehmern eine ausgeprägte Tendenz zu selbstdestruktiven
Verhaltensweisen aufgefallen. Diese haben die ganze Bandbreite
von passivem Sich-treiben-lassen (sich nicht beteiligen/schwei-
gen) bis zu weinerlichen Selbstvorwürfen und aggressiv entwer-
tenden Selbstanklagen eingenommen. Das uns für die jeweilige

Gruppenarbeit zur Verfügung stehende Arbeitsjahr hat für diese
Teilnehmer nicht ausgereicht, die Retroflexion (Perls,
Hefferline, Goodmann 1951) durch eine Richtungsänderung von
innen nach aussen zu wenden und sie dadurch aufzulösen. Für
einige Gruppenteilnehmer wurde es aber möglich, den selbst-
zerstörerischen Charakter ihrer oft massiven Schuldgefühle dem
Partner, den Angehörigen gegenüber schrittweise zu erkennen.

7. Ueberprüfung der Hypothesen

Im vorliegenden Kapitel sollen die vier Hypothesen anhand der Auswertung der 37 Fragebogen, von Protokollen aus Einzel- und Gruppenarbeit und der zu den betreffenden Problemkreisen aus der Literatur ausgewählten Theorien verifiziert werden.

7.1. Hypothese 1

Bedingt durch Trennung und Scheidung werden alle fünf Säulen der Identität labilisiert, d.h. Leiblichkeit, soziales Netzwerk, materielle Sicherheit, Arbeit und Leistung, Werte.

> Resultat:
> Alle fünf Säulen der Identität werden bei Trennung/Scheidung in unterschiedlichem Ausmasse und auf unterschiedlich lange Zeit hinaus labilisiert.
>
> Grad und Dauer der Labilisierung in einzelnen Bereichen hängen ab von der individuellen Fähigkeit des Betroffenen, sich mit der neuen Situation und den auftauchenden Schwierigkeiten zu konfrontieren, die damit verbundenen Emotionen zuzulassen und die notwendige Trauerarbeit zu leisten.

In der Folge befassen wir uns detailliert mit den einzelnen Bereichen, die zu Identität als Ganzem beitragen.

7.1.1. Leiblichkeit

Mit der Aufteilung auf sieben verschiedene Bereiche war die Absicht verbunden, eine Differenzierung in der Beurteilung zu ermöglichen und die in dieser befragten Gruppe erhobenen Resultate nach dem Grade ihrer Labilisierung zu begutachten.

7.1.1.1. Essen

Wenn wir von den insgesamt 37 Befragten die 23 regelmässig Essenden plus die 3 "Schichtarbeiter" subtrahieren, bleiben dies 29,7%, die unregelmässig essen. Die 16 Personen, für die aktuelles Erleben die Nahrungsaufnahme bestimmt, machen 43,2% aus; dies sind 46,4% sämtlicher befragter Frauen und 33,3% sämtlicher befragter Männer.

> Mit den Raten von über 40%, bei denen aktuelles Erleben die Essgewohnheiten bestimmt, muss von einer Labilisierung im Falle eines Trennungsgeschehens gesprochen werden.

Meines Erachtens geschieht die Störung im Bereich der Nahrungsaufnahme aber schon wesentlich früher, nämlich in der Phase der beginnenden Partnerschaftskrise. Sie dürfte dann ein Ausdruck erschwerter Introjektion im Sinne von Perls, Hefferline, Goodman (1951) darstellen. Dem Individuum (oft allen an der Krise Beteiligten) wird durch den Partner zugemutet, Fakten zu "schlucken", die für ihn unverdaulich, inakzeptabel sind. Häufig fehlt aber die innere Bereitschaft, der Mut, sich auf eine die Situation klärende Auseinandersetzung einzulassen. Die Weigerung, weiterhin Unerträgliches, Kränkendes aufzunehmen, verlagert sich daraufhin auf die somatische Ebene. Ess-Störungen, Verdauungsbeschwerden dokumentieren die in den Tiefenbereichen stattfindenden Disharmonisierungen.

Die Anwesenheit von Kindern stabilisiert die nach aussen hin
wahrnehmbaren Essgewohnheiten eher, weil ein Rhythmus in der Versorgung über längere Zeit nicht ohne ernsthafte Folgen für das
Befinden der Kinder aufgegeben werden kann. Ein Nachlassen wäre
auch mit der Gefahr verbunden, dass die Krise trotz Mobilisierung
von Abwehrstrategien an die Oberfläche geraten und dadurch sichtbar werden könnte.

Die Tatsache, dass sich unter den von uns befragten Personen nur
zwei ohne Kinder befinden, mag dazu beitragen, dass "Essen" oberflächlich betrachtet wenig Anhaltspunkte bietet für spontan
sichtbare Störungen.

7.1.1.2. Schlafen

Ausgehend von der Annahme, dass durch die "Trennung von Tisch und
Bett" auch der Schlaf in Quantität und Qualität auf die neue
Situation reagiert, verdeutlicht sich insofern, als nur 14
Befragte (37,8%) bestätigen, dass sie "gleich" schlafen, wie
zuvor.

Wenn 17 Leute (45,9%) angeben, dass sie seit der Trennung ruhiger
schlafen, kann das als stichhaltiger Hinweis betrachtet werden
für die tiefe Beunruhigung und innere Gespanntheit, welche die
Partnerschaftskrise ausgelöst haben muss.

Die 5 Personen (13,5%), die unruhiger schlafen, können mit jenen
11% geschiedener Patientinnen verglichen werden, von denen DUSS
VON WERDT in seiner Umfrage berichtet, dass sie wegen "Schlafstörungen" ärztliche Hilfe beanspruchen. (S. 128).

**Die Hypothese kann in diesem Bereich auf Grund des
vorliegenden Materials klar bestätigt werden.**

7.1.1.3. Sexualität

Aus der Tatsache, dass 67,5% der Befragten ihre sexuelle Situation, nachdem sie getrennt oder geschieden waren, als ungelöst und dadurch problematisch erleben, lässt klar hervortreten, welche zentrale Bedeutung die körperliche Beziehung zu einem gegengeschlechtlichen Partner einnimmt.

DORNIER und GUTZEIT gelangen in ihrem "Bild des geschiedenen Mannes" zwar zu ähnlichen Resultaten, beziehen sich aber auf die Zeit der Ehe. Sie schreiben: "Die Sexualität als Problem nimmt in mindestens der Hälfte der Fälle eine ganz zentrale Rolle in der gestörten Beziehung ein, wenn ihr auch in erster Linie nur Symptomwert beizumessen ist" (S. 24). Allerdings sehen sie die Sexualität nur als _eine_ Ursache unter anderen an.

Diese Gegenüberstellung lässt vermuten, dass es nicht die Trennung und Scheidung an sich ist, die "Sexualität" als Teilaspekt der Leiblichkeit labilisiert. Vielmehr muss der Ursprung zur "Symptombildung" wesentlich früher angesiedelt werden und allgemeiner mit den moralischen und gesellschaftlichen Wertvorstellungen, wie sie dem Wert "Ehe" zugehörig sind, in Verbindung gebracht werden.

Diese Zusammenhänge sollen an späterer Stelle nochmals aufgegriffen und weiter beleuchtet werden.

7.1.1.4. Krankheit

Krankheiten im weitesten Sinne traten während und im Anschluss an die Selbsterfahrungsgruppe bei 17 Personen (45,9%) in Erscheinung.

Interessant ist in diesem Zusammenhang wiederum die Untersuchung von DUSS VON WERDT, der bei einer Zufallsauswahl von 100 Fragebogen aus seinem Material feststellte, dass etwa die Hälfte der befragten Frauen kurz vor, während und nach der Scheidung ärztliche Hilfe benötigten.

Die wichtigsten behandelten Störungen sind:
- Nervöse Störungen bis Nervenzusammenbrüche   17%
- Depressionen   14%
- Magen/Darm   12%
- Schlaflosigkeit   11%
- Herz und Kreislauf   10%

Des weiteren besteht eine Untersuchung von FUCHS, ebenfalls publiziert in "Scheidung in der Schweiz", über "Sterblichkeit und Zivilstand". Er fasst zusammen: "Das Alleinsein, d.h. das Nichtverheiratetsein, kommt einer existentiellen Bedrohung gleich, die sich in einer erhöhten Mortalität äussert. Dies wird beim Mann in allen Lebensaltern deutlich, bei der Frau vor allem in jüngeren Jahren. Die Geschiedenen lösen somit nicht nur eine enge Partnerbindung, sondern sie sind auch stärker als andere von einer biologischen, gesundheitlichen Desintegration bedroht. Die Selbstaufgabe, sowohl im sozialen als auch im biologischen Bereich, scheint ein Wesenszug zu sein, der bei Geschiedenen stärker hervortritt, insbesondere bei geschiedenen Männern."

FUCHS verweist dabei auf eine Statistik aus den Jahren 1958/62, wonach geschiedene Männer, 40-49 jährig, eine Uebersterblichkeit gegenüber Verheirateten von 144% aufweisen. Geschiedene Frauen, 40-49 jährig, weisen eine solche von 43% gegenüber Verheirateten auf. Bei beiden Geschlechtern sind es vor allem die Selbstmorde (Männer 386%, Frauen 219%), Krankheiten der Verdauungsorgane (Männer 105%, Frauen 77%), Herz- und Kreislauferkrankungen (Männer 97%, Frauen 55%) und Krebs (Männer 98%, Frauen 14%).

L. LE SHAN (1982) beschreibt in seinem aus über 20 Jahren Forschungsarbeit resultierenden Bericht die Persönlichkeit des Krebspatienten als einen Menschen, dem "das Gefühl für den Sinn des Lebens" (S. 31) verlorengegangen ist. "Das Gefühlsleben der Krebspatienten machte deutlich, dass Verzweiflung für sie offenbar eine grundlegende "Weltanschauung" mit drei sekundären Komponenten war" (S. 43).

- Gefühl nackter Hoffnungslosigkeit, im Hinblick auf die Möglichkeit, irgendeinen Sinn, einen Reiz oder einen Wert im Leben zu entdecken.

- Gefühl der Einsamkeit, das es nicht erlaubt, irgendeinen befriedigenden Kontakt mit anderen herzustellen, weil er/sie sich selbst nicht als liebenswert empfindet.

- Verzweiflung am "Nichts" (ich habe "nichts" getan und bin "niemand" gewesen).

Bei drei mir bekannten Personen mit Krebserkrankungen bin ich überzeugt, dass für sie ein Weiterleben im Status des Geschiedenen undenkbar ist. Alle drei sind innerlich strengen ethisch-moralischen Normen verpflichtet. Für eine Trennung und Scheidung vom Lebenspartner existiert darin kein Raum, um einen neuen Weg zu finden, den sie auch in der Tiefe ihrer Persönlichkeit zu verantworten vermöchten. Sie alle haben gefühlsmässig mit ihrer Trennung vom Partner, die sie alle drei geschehen lassen mussten, den Weg ins "Nichts", wie es LE SHAN definiert, angetreten.

Erkrankung jeden Ausmasses wird in der Trennungs- und Scheidungs-Situation zum non-verbalen Ausdruck der psychischen Erschütterung, die mit der Krise einhergeht und oft aus Angst vor dem Klagen und Trauern stellvertretend zum "Ort des Leidens" wird.

7.1.1.5. Körperliche Leistungsfähigkeit

Im Bereich der körperlichen Leistungsfähigkeit, erhoben über eine Selbsteinschätzung der Befragten, können keine Zeichen für eine generelle Destabilisierung unter der Einwirkung von Trennung und Scheidung abgeleitet werden.

7.1.1.6. Genussmittel und Medikamente

Eine fundierte Aussage über den Zusammenhang zwischen dem Konsum von Genussmitteln/Medikamenten und Trennung, bzw. Scheidung und den entsprechenden Werten innerhalb der Durchschnittspopulation kann wegen Fehlen von Vergleichszahlen nicht gemacht werden.

7.1.1.7. Stimmungen nach der Trennung

Stimmungen, Stimmungswechsel erscheinen in unserer Umfrage als besondere Indikatoren des inneren und äusseren Prozesses, der vorerst durch die Ehekrise, später durch Trennung und zuletzt die Scheidung in Gang gesetzt wurde. Sie müssen als labilisiert bezeichnet werden.

Das Feststellen dieser Schwankungen ist bei unseren Befragten oft der Auslöser gewesen, sich für die Teilnahme an einer Tagung für Getrenntlebende und Geschiedene anzumelden. Dort konnten sie annehmen, Menschen in ähnlicher Lage zu beggegnen, "unter ihresgleichen" zu sein, weniger Schamgefühle empfinden zu müssen im Vertrauen darauf, auf ein gewisses Verständnis bei den anderen Teilnehmern rechnen zu dürfen.

Dieses erste Akzeptieren von Gefühls-Labilität bildet dann eine Einstiegsmöglichkeit zu Trauerarbeit, wie sie im eingeschränkten Rahmen einer Tagung geleistet werden kann.

NORMAN PAUL macht in seiner Arbeit über "Scheidung als äusserer und innerer Prozess" folgende Ueberlegungen:

"Damit der Scheidungsprozess zu einem natürlichen Abschluss kommt, ist aber auch die Trauer um das Zuendegehen einer Ehe von wesentlicher Bedeutung. Alle die Hoffnungen und Träume, die die Ehe ermöglicht und unterstützt hatten, müssen aufgegeben werden. Dieser schmerzliche Vorgang sollte zu einem wachsenden Erkennen und Akzeptieren des eigenen Anteils am Scheitern der Beziehung führen. Wird dieser Schritt nicht gemacht, bleiben Bitterkeit und Schmerz erhalten." (....) "Die Scheidung kann insofern mit dem Tod verglichen werden, als sie den Tod des Traumes von einer glücklichen Ehe bedeutet, ein Traum, der verbunden ist mit glücklichen Kindern, die für immer glücklich weiterleben werden. Die Abneigung, sich mit der Scheidungswirklichkeit auseinanderzusetzen, ist vergleichbar mit der Verleugnung der Realität, wenn ein Todesfall eintritt. In beiden Fällen ist man allgemein nicht bereit, sich mit dem Gefühl der Hoffnungslosigkeit, dem Schmerz und der Sinnlosigkeit, die mit dem Ende einer Beziehung verbunden sind, zu befassen." (S. 232)

Das Angebot einer Selbsterfahrungsgruppe, wie wir sie verstehen, basiert zu einem wesentlichen Teil darauf, der Trauerarbeit einen Rahmen von Vertrauen, der genügend Schutz gewährt, zu schaffen. Sie soll aber hindurchführen in eine neue Form der individuellen Lebensgestaltung, in der Lebendigkeit und Freude ihren Raum haben können.

Den Weg, den wir uns als Konzept für die Gruppenarbeit vorstellen, finde ich formuliert in HILARION PETZOLD's Arbeit "Gestaltdrama, Totenklage und Trauerarbeit" (1982, S. 346).

"Der Verlust muss in seiner Ganzheit wahrgenommen werden. Es ist ja nicht nur ein Mensch, den man als Körper, als physikalische Präsenz verliert, sondern es sind Situationen, gemeinsam durchlebtes Schicksal, gemeinsam erwartete Zukunft, die verloren

werden. Ein Abschiednehmen - und das bedeutet Trauerarbeit - muss
von all den wesentlichen guten und schlechten Seiten und Szenen
erfolgen und auch von den Hoffnungen und Träumen, die man gemeinsam gehofft und geträumt hat. Die Qualität eines solchen
Abschiednehmens kann Verzweiflung, Schmerz oder Vorwurf sein,
aber sie muss in ein "Gehenlassen" münden. Nur wenn der Patient
aufhört, nach Phantomen zu greifen, kann er die Wirklichkeit
erfassen und sich ihr neu und ganzheitlich zuwenden."

> Zusammenfassend betrachtet, bestätigt sich die Hypo-
> these, dass die Säule "Leiblichkeit" - zwar nicht in
> sämtlichen untersuchten Teilaspekten, doch weitgehend -
> labilisiert wird durch eine Trennung und Scheidung.

7.1.2. Soziales Netzwerk

Wie es schon die Bezeichnung "Netzwerk" assoziiert, handelt es
sich um ein oft fein gewobenes, kreuz und quer auch untereinander
verknüpftes Geflecht von zwischenmenschlichen Beziehungen. Diese
haben für die an einem solchen "Netzwerk" partizipierenden Individuen die Aufgabe, ihm durch die Gegenseitigkeit der Beziehung
Halt zu geben.

Für den Säugling wird es zur Frage über Leben und Tod, "gehalten", d.h. genährt, gepflegt, umsorgt und geliebt zu werden. Der
heranwachsende gesunde, und erst recht der erwachsene Mensch
lernt, sukzessive für die Befriedigung seiner Grundbedürfnisse
selbst zu sorgen. Gleichzeitig lernt er aber auch, dass er nicht
allein auf der Welt ist und dass andere ähnliche Erwartungen an
das Leben stellen wie er. Innerhalb engerer und später erwei-
terter Gruppen erfährt er Gemeinsamkeit in ihren angenehmen und
störenden Aspekten. Er sucht sich häufig Vertrautes, Vertrauen-
erweckendes als Rahmen für seine eigene Lebensgestaltung. Er
schafft sich mit seinem Wählen und Gewähltwerden sein persön-
liches "Netzwerk", das gerade durch die individuellen Wahlen
Stabilität, Tragfähigkeit und Sicherheit gewährleisten müsste.

Das Auflösen, das Abschneiden, das Zerreissen solcher Fäden innerhalb eines "Netzwerks" löst massive Aengste aus, fallen gelassen zu werden.

Je zentraler eine Bindung an einen Mitmenschen erlebt wird, je intensiver die emotionale Beteiligung ist, desto bedrohlicher wird die Trennungs-/Lösungs-Situation erlebt. Mit der Redensweise "fallen gelassen werden wie eine heisse Kartoffel" wird der Schock und auch die Verantwortlichkeit des Fallenden und des Fallen-Lassenden angesprochen.

Wir können daraus folgern, dass damit immer die Qualität des Haltens und des Gehaltenwerdens innerhalb eines bestimmten - oft recht weitgefassten - Bezugsrahmens gemeint ist.

Der zwischenmenschlichen Beziehung wird damit als Teil innerhalb des Gefüges, das "Identität" ausmacht, ein besonders hoher Stellenwert zugewiesen. Beziehung ist es doch, die in vielerlei Ausprägung jeden Menschen von der Geburt an bis zu seinem Tode auf irgendeine Weise im Kontakt hält und ihn damit seine Verknüpfung mit dem umfassendsten "Netzwerk Menschheit" ahnen und spüren lässt.

Ueber die Resultate unserer Umfrage betrachten wir sechs Beziehungsformen, die von Trennung/Scheidung ursächlich betroffen werden, auf ihren Grad der Labilisierung hin.

7.1.2.1. **Kontakt zum früheren Partner**

Weil es sich bei dieser Beziehung um die zentrale, alle weiteren Bereiche in Mitleidenschaft ziehende Verbindung handelt, können wir sie als Kernpunkt des gesamten Labilisierungsgeschehens bezeichnen.

Die Intensität dieses Prozesses lässt sich daraus ableiten, dass es nur sechs an der Ehekrise direkt Beteiligten bisher gelungen ist, die Trennung so zu vollziehen, dass sie mit dem Partner keinen Kontakt mehr haben. Von wem die Initiative dazu ausgegangen ist, geht aus den Fragebogen nicht hervor.

Für die grosse Mehrheit, d.h. 83,7% der Befragten, wird die Beziehung in irgendeiner Form, mag diese nun eher neutral sein oder noch immer schmerzlichen oder aggressiven Charakter aufweisen, de facto weitergeführt. Der Partner als Teil des eigenen "Netzwerks" hat - wohl wegen der Angst vor einem "Fall ins Nichts" - noch immer eine wichtige Funktion als ein Phantom von "Halt". Unter "Halt" verstehe ich in diesem Zusammenhang auch Geborgenheit, Sicherheit, Verlässlichkeit, Liebe und Mitmenschlichkeit im weitesten Sinne.

Solange die Beziehung nicht wirklich beendet ist, d.h. die Sorge für "Halt" nicht bewusst als eigene Aufgabe wahrgenommen und akzeptiert wurde, bleibt ein Kernstück der "Identität" labilisiert.

> Für die befragte Gruppe gilt, dass die Trennung vom Partner als schwere Erschütterung des Identitätsgefühls erlebt wurde.

7.1.2.2. Kontakte zu den gemeinsamen Kindern

Die gemeinsamen Kinder bilden den lebendigen Berührungspunkt zwischen den getrennten Partnern. Das Kind stellt das "neue Dritte" dar, das aus der Beziehung hervorgewachsen ist und das Mann und Frau zu Vater und Mutter macht.

Von Anfang an ist die Beziehung zu diesem "neuen Dritten" aus rein physischen und physiologischen Gegebenheiten heraus unterschiedlich. Sie braucht es aber - wenn es später um Pflege und Erziehung geht - körperlich und psychologisch nicht zu sein.

Aus dieser divergenten Ausgangslage heraus entsteht in der Trennungssituation des Paares verständlicherweise Angst, dieses gemeinsam Gezeugte, das die Geschichte beider elterlichen Herkunftsfamilien weiterführt, verlieren zu müssen. D.h. es besteht Unsicherheit, die Beziehung zum Kind nicht mehr in der gewohnten, vertrauten Form weiterführen zu können.

Der Aspekt des "Habens", wie FROMM (1976) ihn versteht, führt zum Kampf um das Kind, denn Elternschaft ist nur über das Kinder "haben" möglich. Im Augenblick, wo es Vater und Mutter klar wird, dass sie auch im Falle ihrer Trennung Eltern "sind" und es für die Kinder lebenslänglich bleiben, kann die Verlust-Angst überwunden werden.

ISOLINA RICCI (1984) hat auf dieser Basis ein Projekt für die kreative Lösung der Kinderzuteilungs-Frage entwickelt, bei dem es vor allem darum geht, dem Kind eine neue Form von Geborgenheit und tragfähiger Beziehung zu beiden Elternteilen zu ermöglichen. Das Kind wird fortan z w e i Familien, zwei Zuhause haben, wenn Vater und Mutter in der Lage sind, ihre persönlichen Ressentiments dem früheren Partner gegenüber hintanzustellen und nicht über den "Besitz" des Kindes auszutragen.

> Im Rahmen unserer Untersuchung zeigt sich für die Mehrheit der Befragten die Beziehung zu den Kindern als erfreulich und für ihr Identitätsgefühl eher als stabilisierenden Faktor.

7.1.2.3. Kontakt zur Herkunftsfamilie

DUSS VON WERDT hat die Bedeutung der Herkunftsfamilie als tragenden Faktor für die Identität im Lebensganzen in einem Referat über den "Familienmenschen" (1979) folgendermassen umrissen:

"Jeder hat Vater und Mutter, selbst wenn er sie nie erlebt und gekannt hat. Er ist und bleibt ihr Kind, sie sind und bleiben seine Eltern. (....) Kind sein ist etwas Universelles und definiert eine Abhhängigkeit, die niemals aufgehoben werden kann. Sie legt mich in meiner Existenz fest und lokalisiert mich (in der Regel) sozial als Abkömmling eines bestimmten Vaters und einer bestimmten Mutter, bezeichnet also meine individuelle und soziale Identität als jemand, der immer jemandes Kind ist. Alle andern möglichen Identitätsmerkmale sind sekundär! Einer bestimmten Gruppe oder Nation anzugehören, den oder jenen Beruf auszuüben, das kann rückgängig gemacht werden, Sohn oder Tochter zu sein jedoch nicht." (S. 18)

Und etwas später: "Ich bin davon ausgegangen, Zugehörigkeit verweise auf Herkunft und schliesse Kontinuität in sich. Kontinuität ist die zeitliche Seite von Identität. Identität ihrerseits ist somit keine ein für allemal gegebene Grösse, sondern Ergebnis eines kontinuierlichen Prozesses. (Diskontinuität führt zu Identitätsschwäche oder -verlust.) Das bedingt die sich immer wieder erneuernde Erfahrung von Zugehörigkeit. Damit meine ich die Gegenwartsdimension. Sie beinhaltet, je und je akzeptiert zu werden, Geltung zu haben, sein zu dürfen und bestätigt zu werden. Im Gewahrwerden von Bestätigung, von Akzeptation, von Geltung für andere erhalte ich Daseinsrecht und Selbstwert. Fallen diese Interaktionen aus, schwindet mir der Boden unter den Füssen, und ich laufe Gefahr, mich selber zu verlieren, im Grenzfall sogar zu vernichten: Identität ist Ereignis und Ergebnis von Interaktionen ganz bestimmter Art, die wieder primär im entsprechenden familialen Haben begründet sind." (S. 24/25)

Unter dem Aspekt dieser Zitate betrachtet, erweisen sich Trennung und Scheidung eines Sohnes, einer Tochter von seinem/ihrem Partner als eine Situation, in der "Erfahrung von Zugehörigkeit" für das Identitätsgefühl des Betroffenen besonders wichtig ist.

Wenn Kontinuität als zeitlicher Faktor von Identität relevant ist, kann sich eine Unterbrechung in diesem Ablauf (z.B. durch das Gekränktsein, die Wut der Eltern) für das in der Krise lebende "Kind" unter Umständen katastrophal auswirken. Das Wegfallen von Akzeptation und Bestätigung durch die Familie verstärkt die an sich schon massive Störung und liefert den Getrennten damit einer zusätzlichen Gefahr von Identitätsverlust aus.

Aus unserer Untersuchung geht hervor, dass für die grosse Mehrheit der Befragten (83,7%) die Beziehung zum Elternhaus erfreulich und tragfähig geblieben oder durch die Trennungssituation mit der damit verbundenen Neuorientierung sogar besser geworden ist. Sie hat sich als stabil erwiesen.

> Die Hypothese von der Labilisierung lässt sich dort aufrechterhalten, wo Akzeptation und Bestätigung durch die Eltern von "Leistung und Wohlverhalten" ihres Kindes abhängig gemacht werden. D.h. Menschen, die deshalb schon in ihrer Kindheit und Jugendzeit kein sicheres Identitätsgefühl aufbauen konnten, werden sich durch den daraus erwachsenden Mangel an Zugehörigkeitsgefühl ausgestossen, abgelehnt und unverstanden vorkommen.

Dies wird von sechs Personen aus unserer Untersuchung bestätigt.

7.1.2.4. Kontakt zur Familie des früheren Partners

Analog zur eigenen Familie kann die Familie des früheren Partners auch ihrem Kind jene Bestätigung und Akzeptation vermitteln, die es in der Krisensituation braucht.

Für Menschen, die sich durch ihren Partner betrogen und enttäuscht fühlen, ist diese Haltung von familiärer Loyalität oft schwer zu ertragen. Die Familie verbündet sich mit dem Partner, der einem so viel Leid verursacht. Sie wird deshalb als parteiisch, zu wenig objektiv oder gar verblendet erlebt.

So zeigt sich in der Untersuchung, dass ungefähr die Hälfte der Befragten den Kontakt zur Schwiegerfamilie - teils aus eigener Initiative - abgebrochen hat.

Wie wichtig es wäre, "Gerechtigkeit" zu erfahren, zeigt die Bezeichnung "solidarisch mit mir". In Gruppengesprächen hat dieser Aspekt häufig eine bedeutsame Rolle gespielt. Das Bedürfnis, mit den <u>Menschen</u> als solche in Verbindung zu bleiben, war oft gering zu veranschlagen. Es ging vielmehr darum, mit dem früheren Partner in dessen eigener Familie zu rivalisieren, ihm nach Möglichkeit den Platz als "akzeptiertes Kind" streitig zu machen.

Für jene Getrennten, die über die Krise hinweg zu einzelnen Gliedern der früheren Partnerfamilie eine erfreuliche Beziehung aufrechterhalten oder neu aufbauen konnten, bedeutet dies eine Bereicherung, wie das aus den wenigen positiven Attributen hervorgeht. Sich darum zu bemühen, erfordert von beiden Seiten viel Feingefühl und oft auch Geduld.

> Das doch häufige Abbrechen oder Versanden des Kontaktes mit der Schwiegerfamilie ist ein Hinweis dafür, dass dieser ganze Zweig innerhalb des Netzwerks schwer in Mitleidenschaft gezogen, dadurch labilisiert wird.

7.1.2.5. Kontakt zu gemeinsamen Freunden und Bekannten

Mit der Trennung vom Partner stellt sich meist eine Frage, die eng mit der Identität verbunden ist: "Wer bin i c h für unsere bisher gemeinsamen Freunde? Ich ohne meinen Partner?"

MEL KRANTZLER (1975) greift dabei ein Thema auf, das nicht nur für die Verhältnisse in den USA gilt, sondern auch in Europa zählt. Er schreibt:

"Ich habe auch schnell herausgefunden, dass es für meine verheirateten Freunde, die an unserer Freundschaft festhalten wollten, (und die meisten waren verheiratet), schwierig wurde. Denn in unserem gesellschaftlichen Leben ist es schwer, Alleinstehende in die konservativ ausgerichteten Einladungen und Unterhaltungen mit einzubeziehen. Für meine verheirateten Freunde stellte ich eine mögliche Gefahr für ihren Ehefrieden dar - eine Reaktion, die geschiedene Frauen sehr viel stärker trifft, die Männer aber genauso erfahren." Und weiter: "Durch den Kontakt zu alten Freunden lernte ich drei wichtige Dinge: Ich fand sehr viel mehr Wärme und Entgegenkommen, als ich vorher für möglich gehalten hätte. Ich wurde mit Zurückweisungen fertig, die nicht auf mich als Person gerichtet waren, sondern darauf, dass man nicht bereit war, mich als Einzelperson aufzunehmen. Und ich erkannte, dass die Tatsache meiner Scheidung im Leben mancher meiner Bekannten ein bedrohliches Ereignis darstellte." (S. 17)

DIETRICH STOLLBERG setzt sich an die Stelle der gemeinsamen Bekannten und beleuchtet das Problem aus ihrer Optik:

"Oftmals gehörten zu unserem Freundeskreis Kollegen und deren Familien aus dem Arbeitsbereich des anderen Partners. Auch für sie ist es nicht leicht: Was sollen sie tun? Bisher wurde das Ehepaar gemeinsam eingeladen, jetzt möchte man ihnen und sich eine peinliche Situation ersparen, jedoch keineswegs auf den Freund oder Kollegen verzichten. Einer von beiden muss also "weichen". Jetzt zeigt sich, wer der eigentliche Freund war, und das ist manchmal eine bittere Entdeckung." (S. 69)

Gerade weil es sich bei Freunden und Bekannten in vielen Fällen um eine Art "Wahlverwandtschaft" handelt, tut sich eine Klärung der Situation so schwer. Die meisten in der Krise Lebenden haben kein Bedürfnis nach weiteren Auseinandersetzungen. Sie suchen Verständnis, Menschen, die ihnen zuhören, ihnen Wärme und das Gefühl geben, nicht auch von ihnen noch verlassen zu werden.

Wenn sich nur knapp ein Drittel der Befragten auf ihre
früheren freundschaftlichen Beziehungen stützen können,
muss von einem hohen Grad an Labilisierung in diesem
Bereich gesprochen werden.

7.1.2.6. Kontakte zu den Nachbarn

Begleitend zur Trennung stellt sich die Frage, welcher der beiden
Partner in der vertrauten Umgebung bleibt und wie sich unter dem
Einfluss einer bevorstehenden Scheidung im Quartier die Beziehung
zu den Nachbarn weiterhin gestaltet. Jedenfalls gerät das "Netzwerk" des Wegziehenden - mindestens vorübergehend - ins
Schwanken.

Dass in unserer Befragung nur 10 Leute einen Wohnungswechsel
vollziehen mussten, rührt auch daher, dass in der fraglichen
Gruppe nie beide Partner eines früheren Paares ihre Beurteilung
abgegeben haben.

Für den Wegziehenden bejaht sich die Hypothese der Labilisierung
schon durch die Tatsache seines Umzugs.

> Zusammenfassend kann gesagt werden, dass die Säule
> "Soziales Netzwerk" in drei der untersuchten Bereiche
> stark, in einem partiell mässig labilisiert wird.
> Die Bereiche "gemeinsame Kinder" und "Herkunftsfamilie"
> erweisen sich in jenen Fällen eher als stabilisierende
> Faktoren, wo die Beziehungen zu den betreffenden Angehörigen schon vor der Trennung der Ehe tragfähig und
> liebevoll waren.

7.1.3. Materielle Sicherheit

Wenn wir die Säule "Materielle Sicherheit" im Kontext mit der ehelichen Paarbeziehung betrachten, stossen wir bald auf die Rollenverteilung innerhalb der Ehe, wie sie in unserer Zeit (immer noch) häufig gehandhabt wird.

DORNIER und GUTZEIT (S. 23) verfolgen in ihrer Untersuchung geschiedener Männer auch den Werdegang der finanziellen Situation des Paares. Danach waren 97% der Männer und 57% der Frauen bei ihrer Eheschliessung berufstätig, d.h. finanziell unabhängig.

Ueber Haushaltgeld wurde meist von der Frau oder gelegentlich gemeinsam entschieden, während das Vermögen mehrheitlich vom Manne allein oder seltener von beiden Partnern gemeinsam verwaltet wurde. An dieser Aufspaltung finanzieller Kompetenz lässt sich die traditionelle Verteilung der Aufgaben innerhalb der Ehe nach überliefertem Modell ablesen.

Nach WAGNEROVÁ hatte die Ehe - vor der Industrialisierung im 19. Jahrhundert - zwei Funktionen zu erfüllen: Die biologische Reproduktion (= Sorge um Arterhaltung) und die materielle Sicherung des einzelnen. Sie definiert sie als "dauerhafte Bindung zwischen Mann und Frau zum Zwecke der Aufzucht des Nachwuchses und der gemeinsamen Bewältigung des Lebens", die der Anerkennung und Bestätigung von aussen bedarf (S. 75).

Mit der inhaltlichen Veränderung der Ehevorstellung zur "Liebesehe" trat die sachliche Komponente zugunsten der psychischen Stabilisierung durch "Liebe" eher in den Hintergrund. Der emotionale Inhalt der Beziehung wurde zur Figur, die mit der Zeit auch von der Gesellschaft als zentraler Wert angesehen wurde.

ROUSSEL beschreibt, wie innerhalb dieser Entwicklung der Staat sachliche und materielle Sicherheiten übernimmt, indem er dem Erziehungs- und Schulungswesen, medizinischen Diensten, Altersversicherung etc. seinerseits finanzielle Mittel zur Verfügung stellt und dadurch die "Lebensgemeinschaft" entlastet.

Dieses Figur-/Hintergrund-Verhältnis verändert sich im Zeitpunkt der Trennung meist radikal. Die oft überhöhten Glückserwartungen, mit denen das Paar seine Ehe als "Liebesgemeinschaft" begann, haben sich als illusorisch erwiesen. Was bleibt, ist das ursprüngliche Wesen der Ehe als Gemeinschaft zur Lebensbewältigung, das im Ueberschwang der Gefühle als Selbstverständliches nur in seinem positiven Sinne (Fürsorge, Akzeptation) als Liebesbeweis wahrgenommen wurde. Die Bedeutung der sachlichen Grundlagen tritt bei der Auflösung des gemeinsamen Haushalts und der Frage nach der Finanzierung der beiden "Halb-"Haushalte in den Vordergrund.

Besondere Schwierigkeiten ergeben sich dort,

- **wo Kinder vorhanden sind.**
  In vielen Fällen hat die Ehefrau ihre Berufstätigkeit aus der Ledigenzeit reduziert oder ganz aufgegeben, solange die Kinder intensive Betreuung benötigen.

  Je nach den finanziellen Ressourcen des Partners kann und will sie sich voll der Pflege und Erziehung der Kinder und der Führung des Haushalts widmen, gehört dieses Rollen-Repertoire doch mit zum Inventar des traditionellen Familienmodells.

- **und/oder wo die Ehe mehr als 10 Jahre gedauert hat.**
  Wie sich dies aus verschiedenen Gruppengesprächen, aber auch in Einzeltherapien zeigt, entsteht vor allem bei Frauen, deren Partner die Ehe lösen will, immer wieder der Eindruck, "vom Manne um die besten Jahre des Lebens betrogen worden zu sein."

Wenn die "Liebesgemeinschaft" erloschen ist, möchten sie sich durch ihre Ehemänner bis ans Lebensende materiell sichern lassen ("wenn er mich schon nicht mehr liebt, soll er wenigstens grosszügig bezahlen für alles, was ich auf mich genommen habe"). Vor allem in der Anfangsphase einer Trennung sind derartige Aeusserungen aus der Wut und der Frustration über die erlittene Zurückweisung nicht selten.

Länger dauern solche Anklagen bei Frauen, die zwanzig oder mehr Ehejahre hinter sich haben. Bei ihnen löst die Angst vor der Zukunft als alleinstehende, alternde Frau Panik aus, die sie zumindest durch materielle Sicherheit in Schach zu halten versuchen.

Wenn wir das Material unserer Umfrage betrachten, gelang es 70,3% der Befragten, eine finanzielle Regelung zu finden, welche für sie die Bezeichnung "fair" oder "angemessen" verdient.

Eine starke Minderheit (29,7%) leidet unter der vom Richter getroffenen finanziellen Vereinbarung. Diese wird - so ist es mir aus manchen Gesprächen bekannt - häufig als persönliche Schikane des früheren Partners, "der schon anders könnte", erlebt.

Besonders belastend wirkt es sich aus, wenn z.B. der frühere Ehemann nach der Scheidung seine gutbezahlte, sichere Anstellung aufgibt und gegen einen weniger gut dotierten Platz, vielleicht eine Teilzeitstelle, tauscht.

<u>Zusammenfassend</u> kann gesagt werden, dass sich die Säule "Materielle Sicherheit" je nach persönlicher Situation in stark unterschiedlichem Ausmasse labilisiert.

Bei den meisten Betroffenen bleibt die Frage nach den Alimenten ein dauernder Unsicherheitsfaktor, der einerseits mit der Gesundheit, dann mit der Lage auf dem Arbeitsmarkt und endlich mit den Wertvorstellungen (z.B. "Zahlungsmoral", Versuch einer Ausbeutung, etc.) des Einzelnen eng verknüpft ist.

Mit dem gesamten Komplex verbunden sehe ich die persönliche Beziehung zu Abhängigkeit (vom früheren Partner) und Hilfe (durch den früheren Partner). Ich meine damit für beide die Uebernahme von Eigenverantwortlichkeit für die einmal gegründete Familie im Rahmen der individuellen materiellen Möglichkeiten von Mann und Frau. Das würde auch heissen, dass sich die Partner von Vorstellungen des traditionellen Familienmodells mit der rigiden Rollenspaltung lösen und in der Scheidungssituation zu neuen Ansätzen gemeinsamer Lebensbewältigung für die Familie vorstossen.

7.1.4. Arbeit und Leistung

Eindrücklich bildet sich in unserer Umfrage das traditionelle Rollenstereotyp ab vom Mann, der ausser Hause seinem Beruf nachgeht, und von der Frau, die zu Hause die Kinder erzieht und den Haushalt führt. Dies können wir aus unseren Resultaten folgern, wonach mit einer Ausnahme alle befragten Männer ihre Stelle, die sie vor der Trennung versehen hatten, auch nachher innehatten.

Eine grosse Minderheit (39%) der Frauen hat schon zur Zeit der Ehe an derselben Stelle gearbeitet. Dazu gehört auch eine kinderlose Frau, bei der sich die entsprechende Entscheidung erübrigte.

Für sie alle, also für die Hälfte der Befragten, hat sich die Arbeitssituation - die vertraute Stelle weiterhin zu besetzen - als stabilisierender Faktor erwiesen.

Wenn wir vom Grade der Zufriedenheit mit der momentanen beruflichen Tätigkeit ausgehen, erklärt sich die grosse Mehrheit als mehr oder weniger befriedigt.

Als Faktoren von Unzufriedenheit wirken oft sozial bedingte Schwierigkeiten mit, die für den Einzelnen als Unsicherheit, mangelnde Akzeptation, geringe Anerkennung, Ablehnung etc. spürbar werden.

Für diese Gruppe - es handelt sich insgesamt um vier Befragte, die unzufrieden sind - ist die augenblickliche Situation problematisch. Die Säule "Arbeit und Leistung" ist damit stark labilisiert.

In Gruppengesprächen tauchen Arbeitskonflikte als Thema relativ selten auf. Sie erweisen sich dann meist als persönlichkeitsbedingt (d.h. unklare Abmachungen aus Gehemmtheit, starkes Rivalisieren mit Mitarbeitern, Sich-überfordern-lassen etc. werden als Ursache genannt).

Ein Aspekt, der besonders erwähnt werden soll, ist die Doppelbelastung durch volle Berufstätigkeit und gleichzeitig die Verantwortung für Erziehung der Kinder und Haushaltführung. Davon sind mindestens ein Drittel der Befragten betroffen.

Die beiden Männer sind die einzigen Befragten, die einige ihrer Probleme nach der Scheidung mit dieser für sie neuen Art der Belastung in Verbindung bringen. Sie sehen sich - bedingt durch den Zeitmangel - ausserstande, neue Kontakte anzuknüpfen oder bestehende nach eigenen Wünschen zu gestalten.

> Zusammenfassend kann gesagt werden, dass sich die Arbeitssituation dort, wo auf Bestehendes und Vertrautes Verlass ist, als stabilisierend erweist.
>
> Für Frauen, die unter dem Druck der Trennung stehen und einen Teil der finanziellen Sicherung neuerdings selbst zu leisten haben, wirkt die Säule "Arbeit und Leistung" - zumindest in der Phase der Neuorientierung und des Suchens - stark labilisierend.

Für Männer an sozial exponierter Stelle kann auch ein an sich nicht zur Diskussion gestellter Arbeitsplatz Angst und Unsicherheit auslösen und dadurch labilisierend erscheinen.

7.1.5. Werte

In keinem andern Bereich finden wir die Verknüpfung sämtlicher Facetten von Identität mit dem Schicksal eines Einzelnen prägnanter dargestellt als bei den Werten.

Werte sind als Leitlinie für bestimmte Verhaltensmodi innerhalb der "Gesellschaft" normativ. Sie entstehen in einem langsamen Prozess des Aushandelns und schliesslich des Konsenses unter den als Autoritäten akzeptierten Mitgliedern einer Gruppierung von Menschen. Immer sind darin Sedimente, Grundelemente tradierter Wertvorstellungen enthalten, wie sie einerseits durch religiöse Lehren (z.B. in der Bibel), andererseits durch alte Rechtsprinzipien (z.B. das alte römische Recht, das noch heute im Studium des Juristen eine wichtige Stelle einnimmt) vertreten und festgehalten werden. Immer werden sie auch in der Gegenwart neu betrachtet, diskutiert, erweitert, auf aktuelle Bedürfnisse hin modifiziert, die aber ihrerseits auch schon wieder eine gewisse Garantie für Dauer in sich tragen müssen. Und damit haben auch "korrigierte" Werte sehr rasch wieder den Hauch des unvergänglich Verankerten, das seinerseits neue Diskussionen auslöst, von heranwachsenden Generationen als "veraltet" in Frage gestellt wird.

Was bedeutet dies nun für die persönliche Identität?
Wie LAING (1969) feststellt, "lässt sich die "eigene" Identität eines Menschen nicht vollkommen von seiner "Identität-für-andere" abstrahieren. Seine Identität-für-sich-selbst; die Identität, die ihm andere zuschreiben".

Es handelt sich also um Identifikation und Identifizierung. Häufig stimmen jedoch diese beiden Teile - selbst wenn es sich um denselben Teilaspekt einer Sache handelt - nicht überein. Dadurch entsteht ein Konflikt.

An dieser Stelle zeigt sich deutlich die dritte Komponente: Ich erkenne mich selbst als derjenige, als den die andern mich sehen. Wenn wir mit LAING weiterfahren, meint dies "die Identität oder Identitäten, von denen er (der Mensch) glaubt, dass sie (die anderen) sie ihm zuschreiben; was er glaubt, sie glaubten...". Was ist nun zu glauben? Woran habe ich mich zu halten? Worauf soll ich mich in Zukunft ausrichten?

Für einen Menschen, der - wie in unserem Falle durch Trennung vom Partner - in eine starke emotionale Krise geraten ist, beginnt damit häufig eine Identitätsunsicherheit, die mehr oder weniger tief greift.

Erfahrungen in der Gruppenarbeit verdeutlichen, wie gerade diese Vielschichtigkeit im Identitätserleben sogar zum Bild eines vorübergehenden Identitätsverlustes führen kann. Es handelt sich dabei um Menschen, die höchst wahrscheinlich vor ihrer Verheiratung noch kaum in der Lage waren, sich selbst als in sich geschlossene, eigenständige Personen zu spüren. Sie haben sich an die Identifizierungen geklammert, die ihnen in Familie und Arbeitsbereich zuerkannt wurden, und haben diese dann als "Ich-Selbst" erlebt. Auffallenderweise zeigen solche Identifizierungen, wenn sie in der Therapie auftauchen, ausgesprochen entwertende, destruktive Qualität.

Ein derartiges Manko an Identifikationsfähigkeit mit einem positiven Selbstbild muss sich in einer Partnerschaft wie der Ehe, welche "Persönlichkeit" und "Identität" erfordert, erschwerend auswirken. Im Hinblick auf das Gestalten gemeinsamen Lebens braucht es ein gewisses Mass an Vertrauen in die eigenen Kräfte, Fähigkeiten und Möglichkeiten.

Der Verdacht liegt nahe, dass Identifizierungen, wie geliebte, aber mehr noch gefürchtete Eltern-Autoritäten sie zuerkennen, als Verdikt "so bist du!" blindlings angenommen und später durch Entwicklungsschritte in anderen Umwelt-Situationen nicht modifiziert werden konnten. Die Gewissheit, "klein und unwissend" zu sein, ist geblieben. Autoritäten mit ihren Werten jeglicher Schattierung wurden als Leitbilder introjiziert, ohne auf Zweckmässigkeit für das eigene Leben überprüft zu werden.

Werte sind auf diese Weise zum "Man" geworden, dem sich zu entziehen mit Verlust von Akzeptation, Achtung und Liebe "bestraft" wird. Damit habe ich Vorstellungen beschrieben, wie ich sie bei vielen Getrenntlebenden und Geschiedenen als Motiv für Gehemmtheit, Aengstlichkeit, Verschlossenheit und Schamgefühle der prekären Situation gegenüber angetroffen habe.

Ich gehe davon aus, dass Werte als solche die am langsamsten sich wandelnden Teile von Identität darstellen. Daraus wird verständlich, dass eine offensichtliche "Verletzung" von den die soziale Ordnung stützenden Werten wie "Ehe" und "Familie" eine besonders nachhaltige Erschütterung auslöst. Dies nicht nur in der Identität der direkt Betroffenen, sondern auch in ihrem gesamten Umfeld bis hin zum Staat, der allein legitimiert ist, Ehen zu scheiden. Deshalb sind Werte wie "Ehe" und "Familie" nicht einfach Privatangelegenheit, sondern von grösserer gesellschaftlicher Relevanz.

7.1.5.1. Fremdbeurteilung

Ich fasse unter diesem Titel die Instanzen "Herkunftsfamilie", "Freundes- und Bekanntenkreis", "Wohnquartier" und "Arbeitsplatz" zusammen. Bei allen spielen der Prozess der Identifizierung (wie ich eingeschätzt, beurteilt, akzeptiert werde) wie auch derjenige des Erkennens und Aufnehmens der Identifizierung (wie ich meine, glaube, dass die anderen mich sehen) eine bedeutsame Rolle.

Wie sich diese Zuschreibungen von aussen auf das Identitätsgefühl eines Getrenntlebenden, respektive Geschiedenen auswirken, wird von drei verschiedenen Punkten beeinflusst:

- Welchen Rang "Ehe", respektive "Scheidung" in der Wert-Hierarchie der beurteilenden Person, eventuell Institution, einnimmt.

- Wie tragfähig die Beziehung - als Ganzes betrachtet - zwischen der beurteilenden Person und dem Betroffenen ist. Mit anderen Worten: welches Ausmass an Toleranz dem Betroffenen für eine "Verletzung" der entsprechenden Werte zugestanden wird.

- In welchem Grade sich der Betroffene von den Wertmasstäben der beurteilenden Person abhängig, eventuell sich ihnen ausgeliefert fühlt. D.h. es geht um das innere Angewiesensein auf Zustimmung durch den anderen, um den Halt nicht zu verlieren.

Im Zeitpunkt der Befragung, der für die meisten Leute mehrere Jahre vom Trennungsgeschehen entfernt ist, hat sich der Bereich der Werte als Erfahrung von aussen als stabilisierend und tragend erwiesen.

Rund ein Viertel der Befragten fand jedoch in der Umwelt keine oder nur partielle Unterstützung. Für sie zeigt sich das Identitätsgefühl inbezug auf Werte, wie sie von aussen vertreten werden, als labilisiert.

Welchen Stellenwert "Fremdbeurteilung" innerhalb des Gruppengeschehens eingenommen hat, wurde vor allem in den ersten Monaten unserer Arbeit deutlich. Viel Angst, Unsicherheit, Scheu und Blockierung, Feedback sowohl zu erfragen wie selber zu geben, wirkte sich manchmal geradezu lähmend auf den Gruppenprozess aus.

Von dieser Seite her schien das Identitätsgefühl fast sämtlicher Teilnehmer stark ins Wanken geraten zu sein. Im Verlaufe der Arbeit kristallisierten sich bei etwa der Hälfte der Klienten intensive Hemmungen und Unsicherheiten heraus, die eindeutig der individuellen sozialen Entwicklung zugeordnet werden mussten.

> Hier kann gesagt werden, dass eine schon früher vorhandene Identitätsunsicherheit durch die Trennungssituation neue Nahrung bekommen und sich dadurch verstärkt hat.

7.1.5.2. Selbstbeurteilung

Sicher stellen Trennung und Scheidung für jeden davon direkt Betroffenen einen markanten Wendepunkt dar. Er wird nicht nur zur Bewältigung einer veränderten Lebenssituation herausgefordert, sondern kommt durch die Vielfältigkeit des äusseren und inneren Geschehens kaum darum herum, sich auf sich selbst zu besinnen. Der Impuls hierzu wird bei den meisten durch den Schock einer Realität hervorgerufen, die nochmals anders ist, als eine vielleicht seit längerer Zeit schon phantasierte Zukunft. Es ist ein Appell zur Stellungnahme und zur Neuorientierung.

Erst in diesem Moment kommen die Qualitäten des Selbstgefühls, des Identitätserlebens voll zur Geltung. Das Wir-Erleben der Ehe entfällt und macht - für manche Leute erstmals bewusst wahrnehmbar - dem Ich-Erleben des Individuums Platz.

Die persönliche Einstellung zu im Alltag gültigen Normen wie zu übergeordneten, allgemein menschlichen Werten treten in den Vordergrund. Die "Identität des Getrenntlebenden" muss sich aus den vorhandenen, grösstenteils durch die Erziehung übernommenen Werten neu so konstituieren, dass höchstmögliche Sicherheit entsteht, in der noch ungewohnten Lebenslage effizient zu handeln und Verantwortung für eigenes Tun zu übernehmen.

Für Menschen, die schon früher sich selbst kennen lernen konnten, wird sich durch die Krise ein an die neue Situation angepasstes Identitätsgefühl nach einer Phase der Unsicherheit und des Ausprobierens entwickeln.

Diejenigen aber, die noch wenig Beziehung zu sich selbst aufgebaut haben, geraten durch die Trennung vom Partner in eine tiefe existentielle Krise, die sich über Selbstanklagen, Minderwertigkeitsgefühle und lähmende Passivität manifestiert.

Von diesem Viertel der Befragten muss gesagt werden, dass durch die Trennung das Identitätsgefühl massgeblich labilisiert wurde.

Zusammenfassung:
Die Hypothese von der Labilisierung sämtlicher fünf Säulen der Identität lässt sich anhand der vorliegenden Befragung in unterschiedlichem Umfange bestätigen.

Rückgreifend auf die Erfahrungen innerhalb der sechs Selbsterfahrungsgruppen und verschiedener Einzeltherapien lässt sich die Aussage wie folgt spezifizieren:

Menschen mit einem schon vor der Eheschliessung sicheren, tragfähigen Identitätsgefühl erleben sich zwar durch den Schock der Trennung vorerst in Frage gestellt, sind aber in der Lage, sich nach einer gewissen Zeit der Umorientierung wiederum zu stabilisieren.

Menschen, welche wenig Eigenständigkeit und kaum Identifikation mit sich selbst als Person entwickeln konnten, geraten durch die Eheschliessung leicht in ein (neues) Abhängigkeitsverhältnis, das dem Aufbau zusätzlicher Eigenidentität hinderlich im Wege steht. Ueber Identifizierungen durch andere entsteht ein - häufig verzerrtes - Selbstbild, das einer Krise nicht standzuhalten vermag, weil der Anteil an Selbst-Bewusstsein zu gering ist. Die Labilisierung ist entsprechend weitgreifend und generalisierend.

7.2. Hypothese 2

Bei der Frau wird die Säule "Werte" insofern besonders betroffen, als sie Mühe bekundet, sich selbst in der Situation der geschiedenen Frau zu akzeptieren.

Resultat:
Sowohl auf Grund unserer Befragung wie auch der zitierten separaten Untersuchungen mit geschiedenen Frauen und Männern in der Schweiz sind keine Anhaltspunkte zu finden, welche die Hypothese stützen. Sie ist deshalb zu verwerfen.

Männer und Frauen haben sowohl ihre geschlechtsspezifischen wie auch ihre individuellen Schwierigkeiten, sich mit ihren bisher gültigen Wertvorstellungen in Einklang zu bringen.

Im Zusammenhang mit den in der ersten Hypothese erwähnten "Werten" haben wir Identität und Selbstwertgefühl vor allem unter den Aspekten von Fremd- und Selbstbeurteilung betrachtet.

Für die geschiedene Frau fällt zusätzlich ein Faktor innerhalb des Identitätsgefühls ins Gewicht, der für den geschiedenen Mann überhaupt nicht zur Diskussion steht. Es handelt sich um den ehelichen Namen.

7.2.1. Der eheliche Name

Nach heute (noch) gültigem schweizerischem Recht, Zivilgesetzbuch (ZGB) Art. 161/Abs. 1 heisst es wörtlich:
"Die Ehefrau erhält den Familiennamen und das Bürgerrecht des Ehemannes."

Sie gibt also anlässlich ihrer Heirat (schon) einen wichtigen Teil ihrer Identität ab zugunsten einer neuen, mit dem Ehemann eng verbundenen Identität. Sie verändert mit dem Eheversprechen Geschlechtsnamen und Bürgergemeinde und - falls sie einem Ausländer das Jawort gibt - auch die Nationalität.*

Extrem ausgedrückt verlässt sie den Identitätsbereich des Vaters, um von nun an dem Identitätsbereich des Ehemannes zuzugehören. Sie gibt also im Gegensatz zu ihrem Partner einen wesentlichen, konstituierenden Teil ihrer Kinder- und Jugend-Identität - ihren Familiennamen, unter dem sie ge-kannt, be-kannt war - ab, respektive lässt ihn an die zweite Stelle setzen.

Wer heiratet, muss sich einen neuen Pass, eine neue Identitätskarte mit den veränderten Daten ausstellen lassen. Die Frau muss in der Folge auch ihre Unterschrift - soll diese rechtsgültig sein - dem neuen Zivilstand mit seinen für sie gravierenden Konsequenzen anpassen.

In ZGB Art. 149/Abs. 1 wird die Stellung der geschiedenen Frau geregelt: "Ist die Ehe geschieden, so behält die Ehefrau ihren Personenstand, nimmt aber den Namen wieder an, den sie vor dem Abschluss dieser Ehe getragen hat."

* Bildlich wurde dieser Tatbestand an der Schweizerischen Landesausstellung von 1939 so dargestellt, dass jede(r) Schweizerbürger(in), der/die eine(n) Ausländer(in) heiratete, "aus dem Kontakt gezogen" und unter einer Glasglocke "eingesperrt", respektive isoliert wurde.

Mit dem schriftlichen Einverständnis des früheren Ehemannes hat die Frau - vor allem wenn z.B. die Kinder mit ihr zusammenleben - die Möglichkeit, den ehelichen Namen weiterhin zu tragen. Sie muss zu diesem Zwecke ein Gesuch an die Bürgergemeinde stellen, die sie nach Bezahlung einer bestimmten Summe wiederum in ihr Bürgerrecht aufnimmt. In der Zeit bis zur Wiederaufnahme tragen ihre sämtlichen Ausweispapiere und Schreiben von öffentlichen Stellen den Familiennamen, den sie vor der Ehe getragen hat.

Mit dieser gesetzlichen Regelung stellt sich für jede Frau bei der Scheidung ganz konkret die Frage, inwiefern sie bereit ist, ein zweites Mal ein äusseres, rechtlich verbindliches Merkmal ihrer Identität zu verändern.

In der Untersuchung DUSS VON WERDT von 324 geschiedenen Frauen ergibt sich, dass ein Viertel der Befragten auf die Beibehaltung des ehelichen Namens verzichtet hat. Rund die Hälfte von diesen hat sich bald darauf wieder verheiratet und auf diesem Wege wiederum eine neue "Identität" bekommen.

Innerhalb der Selbsterfahrungsgruppen haben nur Frauen ihren Mädchennamen wieder angenommen, die keine Kinder hatten und auch nur wenige Jahre verheiratet waren. Sicher spielen aber für diese Entscheidung auch emotionale Momente eine nicht zu unterschätzende Rolle.

Die Tatsache des - vorübergehenden - "Namensverlustes" wurde im ersten Moment als Irritation und Kränkung erlebt. Offenbar handelt es sich um eine weitere Form von Verletzung im Umfeld des Scheidungsgeschehens, die als ungerecht empfunden wird.

7.2.2. "Identität als Ehefrau"

Wie sehr es sich um einen sozial mit Prestige verbundenen "Wert" handeln muss, ergibt sich auch aus den vielgestaltigen Hochzeitsbräuchen, nach denen vor allem die Frau ihre (körperliche) Wandlung von der Jungfrau zur Frau erfährt. Sie tritt "in den Ehestand" und gewinnt dadurch im allgemeinen Volksverständnis einen besonderen Status, der auch mit dem Uebergang von der Jugend zur Erwachsenen einhergeht.

Sagen und Märchen befassen sich mit der "einzig richtigen Wahl" und enden meist mit dem Satze "sie lebten glücklich und zufrieden bis an ihr Ende." Diese Schlussformel ist Ausdruck der Belohnung für die Prüfungen, die durchgestanden werden mussten, bevor die Hochzeit gefeiert werden konnte.

Diese Idee von der Heirat als Lösung aller Probleme und Garant für dauernde Glückseligkeit geistert noch heute nicht nur durch Reihen von Groschenromanen, sondern findet als Wunschvorstellung - oft verschämt durchs Hintertürchen - Zugang in ein idealisiertes Ehebild.

Aus der Befragung geschiedener Frauen von DUSS VON WERDT bejaht der weitaus grösste Teil eine Ehe als beste Lebensform, wobei jüngere Frauen (1940 - 1950) gleich stark einer festen Beziehung ohne Trauschein zustimmen.

Wie wir schon im vorhergehenden Kapitel über die Werte herausgefunden haben, muss der Wert "Ehe" als allgemein akzeptierte Lebensform innerhalb der Gesellschaft einen hohen Rang einnehmen. Durch religiöse und ethisch-moralische Gebote für das Zusammenleben von Mann und Frau als "von Gott gestiftete Einheit" wirken sie auch im Wertgefühl des Einzelnen weiter.

PETZOLD sieht den Menschen als ein personales, sich im Geflecht der Umweltrelationen selbst steuerndes System, das seine Identität in der "Begegnung" mit andern gewinnt. Er ist auf den Kontakt mit seinem Umfeld verwiesen, um sein "Ich" in seiner Personhaftigkeit zu erfahren.

Identität als Ehefrau kann nur über den Mann erlebbar werden, der bereit ist, eine Frau zu heiraten und damit die neue Identität zu konstituieren. In gleichem Masse tut er dies auch für sich selbst, er wird "Ehemann".

DOEBERT et al. (zitiert in Petzold 1980) sagt: "Die Ich-Identität des Erwachsenen bewährt sich in der Fähigkeit, neue Identitäten aufzubauen und zugleich mit den überwundenen zu integrieren, um sich und seine Interaktionen in einer unverwechselbaren Lebensgeschichte zu organisieren." Er schneidet damit die lebenslangen Entwicklungsprozesse der Menschen an.

In unserem Falle kann eine derartige Entwicklung auch auf das "Ueberwinden einer Identität", die nicht mehr adäquat ist, ausgedehnt werden. Damit wäre "Scheidung" als Trennung von der Identität "Ehefrau" zu verstehen.

In der Praxis mit Getrenntlebenden bin ich mit einzelnen Klientinnen öfters auf einen unüberbrückbar scheinenden inneren Konflikt gestossen. Die Tatsache, vom Ehemann verlassen zu werden, wurde nicht nur als schwere emotionale Kränkung erlebt, sondern auf einer tieferen Ebene als Hinderung, ein Versprechen einzulösen, das mit einem für diese Frauen höchsten ethisch-moralischen Wert (Ehegelöbnis) verbunden ist. Sie haben sich als unfähig erlebt, "eine so gute Ehefrau, der so etwas niemals geschieht" zu sein. Damit war der Selbstentwertung Tür und Tor geöffnet: "...Ich fühle mich abgewertet, da ich mein Ziel, eine Lebensgemeinschaft zu bilden, nicht verwirklichen konnte...".

Als beeindruckendes Beispiel möchte ich eine Frau erwähnen. Krankmachend im leiblichen Sinne haben sich diese Gefühle des Versagens an der - vor dem Angesichte Gottes - übernommenen Aufgabe ausgewirkt, mit der sie sich aus innerer Ueberzeugung vollkommen identifiziert hatte. Für die Aufrechterhaltung der Ehe als Lebens- und Schicksalsgemeinschaft für ihre Familie hat sie sich über Jahre hinweg unter Aufbietung aller Energien eingesetzt. Kurze Zeit, nachdem sie, die Aussichtslosigkeit ihrer Bemühungen erkennend, in die Scheidung eingewilligt hatte, begann ein bösartiges Leiden. Sie erlag ihm 12 Monate später - ein halbes Jahr nach der letzten Scheidungsverhandlung.

Zu dieser zweiten Hypothese meine ich abschliessend, dass die Auseinandersetzung mit tradierten überpersönlichen wie auch mit eigenen Wertvorstellungen sich als die schwierigste Aufgabe im Anschluss an eine Trennung und Scheidung erweist. Schwierig deshalb, weil es sich dabei um innere Prozesse handelt, die zu Beginn einer therapeutischen Begleitung noch wenig prägnant sind. Sie beeinflussen aber - quasi aus dem Hintergrund - jede Entscheidung, die im Zusammenhang mit der Auflösung des Ehe-Alltags und dem neuen Leben als Getrenntlebende zu treffen ist.

7.3.   Hypothese 3

> Beim Mann gelangt die Säule "Soziales Netzwerk" besonders nachhaltig ins Wanken. Seine Tendenz, möglichst umgehend eine neue Beziehung aufzunehmen, ist erhöht.

> Resultat:
> Sowohl unsere eigene Befragung wie auch die zitierten separaten Untersuchungen mit geschiedenen Frauen und Männern ergeben, dass für beide Partner die Säule "Soziales Netzwerk" labilisiert wird. Für Männer sind jedoch die Akzente insofern anders zu setzen, als sie in den meisten Fällen durch den Wegzug aus dem gemeinsamen ehelichen Domizil sowohl den regelmässigen Kontakt zu den Kindern, zu den Nachbarn wie auch den vertrauten Rahmen für ihr ausserberufliches, familiäres Leben verlieren.
> Die Hypothese kann für diesen ersten Teil bestätigt werden.
>
> Ausgehend vom Konzept eines tradierten männlichen Rollenverständnisses, das durch die Gesellschaft geformt und durch die Erzieher weitervermittelt wurde, gilt zumindest für die mittleren und älteren Generationen die These, dass der Mann eine Gefährtin braucht.
> In diesem Sinne kann auch der zweite Teil der Hypothese bestätigt werden.

Wenn wir davon ausgehen, dass es in den meisten Fällen der Mann ist, der zum Zeitpunkt einer Trennung das gemeinsame eheliche Domizil verlässt (67% in unserer Untersuchung), liegt auf der Hand, dass damit zumindest der vertraute Rahmen des ausserberuflichen Bereichs akut verlorengeht.

Die beiden Männer, welche mit ihren Kindern zusammenleben, sind mit diesen im ehemals familiären Bereich geblieben, so dass sich schliesslich alle Männer, mit einer einzigen Ausnahme, nach einer neuen Wohnung umsehen mussten. Keiner der befragten Männer ist ins elterliche Heim zurückgekehrt, obwohl teilweise entsprechende Angebote vorlagen.

Mit diesem unausweichlichen Wechsel der Wohnsphäre geht naturgemäss auch ein - zumindest temporärer - Kontaktverlust zu den nächsten Bezugspersonen einher.

Wie wir schon im Kapitel "Soziales Netzwerk" herausgefunden haben, werden die einzelnen Bereiche in unterschiedlichem Masse labilisiert. Fokussiert auf die in unserer Arbeit befragten Männer ergibt sich folgendes Bild.

7.3.1.   Kontakt zum früheren Partner

Bei ungefähr der Hälfte der Befragten hat sich die akute Krise insofern gelegt, als heute sachlichere, gelöstere Gespräche möglich geworden sind, vor allem auch was Erziehungsfragen und Probleme der gemeinsamen Kinder betrifft.

Bei den übrigen Befragten dominieren immer noch Angst, Beklemmung, Kälte, Verachtung, Aggressivität und uneingestandene Eifersucht den Kontakt zur früheren Partnerin, obwohl die Trennung bei allen mehr als drei Jahre zurückliegt.

7.3.2.   Kontakt zu den gemeinsamen Kindern

Kurz gefasst: "Differenzierter, intensiver, persönlicher, wenn auch seltener als während der Ehe".

Mit dem Nachsatz "als während der Ehe" kristallisiert sich eine neue Einstellung des Vaters zu den Kindern heraus. Für einen Mann ist die Beziehung zu den Söhnen schmerzlich. Einer der Söhne meidet den Kontakt, der andere reagiert mit Schulversagen auf die Trennung, was der Vater auf sein Schuldkonto verbucht.

7.3.3. Kontakt zur Herkunftsfamilie

Gleich geblieben ist er für einen Mann, verbessert haben sich die Kontakte für drei Männer. Bei weiteren drei Männern, die schon früher eine gespannte, konfliktreiche Beziehung zu ihrer Familie hatten, haben sich höchstens kleine qualitative Verschiebungen zu den Geschwistern ergeben. Schon vor der Ehe bestehende Abhängigkeiten von den Eltern führten teilweise zu einer Verstärkung der Minderwertigkeits- und Schuldgefühle. Der Konflikt hat sich durch das den elterlichen Erwartungen nicht adäquate Verhalten intensiviert und in einem Falle zu schwerer Depression geführt.

7.3.4. Kontakt zur Familie der früheren Partnerin

Die beiden Männer, die das Erziehungsrecht für ihre Kinder zugesprochen bekommen haben, berichten über gute, sie in ihrer Aufgabe unterstützende Kontakte zu den Schwiegereltern.

Die übrigen sieben Männer haben die Beziehung zur Schwiegerfamilie deutlich gelockert oder - in einem Falle - ganz gelöst.

Hier liegt die Vermutung nahe, dass es in dieser Kontaktgruppe bei der Weiterführung der Beziehung weniger um die Persönlichkeit des von der Trennung mitbetroffenen Schwiegersohnes oder Schwagers geht als vielmehr um die Aufrechterhaltung des Kontaktes zu den Enkelkindern.

Ein weiteres Moment dürfte in der Tatsache liegen, dass Männer nur das Sorgerecht zugesprochen bekommen, wenn sie im juristischen Sinne unschuldig sind an der Trennung und über einen einwandfreien Leumund verfügen. Das heisst, die Frau (respektive Tochter der Schwiegerfamilie) muss ihre Pflichten nicht ausreichend wahrgenommen haben und löst dadurch bei ihrer eigenen Familie Gefühle von erhöhter Verantwortlichkeit, vor allem den Kindern gegenüber, aus.

7.3.5. Kontakt zu gemeinsamen Freunden und Bekannten

Neben der Beziehung zur früheren Partnerin erweist sich der Kontakt zu gemeinsamen Freunden und Bekannten als der durch eine Trennung in erheblichem Masse verletzliche Bereich.

Sind bei den Familien die Grenzen durch die naturgemässe, lebenslang unlösbare Verbindung einigermassen klar und dadurch weitgehend verlässlich, spielt das Gewicht der Persönlichkeit und der Individualität des Einzelnen eine bestimmende Rolle. Aehnlich verhält es sich auch mit Sympathien und Loyalitäten dem einen oder anderen der ehemaligen Partner gegenüber.

Wenn nur einer der befragten Männer die Kontakte als gleichbleibend erlebt, heisst dies, dass in dieser Gruppe von Bezugspersonen ein intensiv empfundener Umbruch stattfindet. Die Beziehungen werden neu überprüft. Die Wahl der Formulierungen in unserer Befragung gibt dieser Unsicherheitsphase Ausdruck. "Erst kaum, jetzt wie früher"; "weniger als vorher, aber diese positiv"; "lose, mit einer Ausnahme, da aber viel intensiver"; "kühler und distanziert"; "alle abgebrochen meinerseits", etc.

Wie aus Gruppen- und Einzelgesprächen hervorgeht, wiegt jede einzelne dieser Beziehungsklärungen schwer. Oft handelt es sich um ein indirektes Rivalisieren mit der früheren Partnerin um einen als "angestammt" erlebten Platz in einer Freundschaft.

Häufig fühlen sich Freunde oder Bekannte erschreckt und überfordert, weil sie befürchten, zu einer Stellungnahme (mit Schiedsrichterfunktion) forciert zu werden, die sie auf jeden Fall vermeiden wollen. Unmotivierter Rückzug, unklare Ausflüchte, fadenscheinige Alibis stehen an der Stelle eines offenen Gesprächs, das neue Möglichkeiten signalisieren könnte.

In Therapien ist es mir beim Auftauchen dieses Themas wichtig, zu klärenden Gesprächen zu ermutigen. Der Zuwachs an Identitätsgefühl und Selbstbewusstsein, der dadurch meist erworben wird, wirkt sich für den weiteren Verlauf stützend und stärkend und für den Klienten als sichtbarer Erfolg aus.

7.3.6.   Kontakt zu den Nachbarn

Für die drei Männer, die ihre Wohnung beibehalten haben, sind die Beziehungen unverändert geblieben. In einem Falle sind sie offener und gelöster geworden.

Von den übrigen sechs Männern erlebt einer seine Kontakte zu den Nachbarn als wesentlich offener als während der Ehe. Für die andern Befragten ist dieser Bereich kaum von Belang.

Im Kapitel "Geschiedene Männer" beschreibt DUSS VON WERDT (S. 164) die Missbilligung der Scheidung aus verschiedenen Blickwinkeln.

Schwiegereltern	33%
Eigene Eltern	21%
Berufliche Kontaktpersonen	12%
Freunde	10%

Und als Nachsatz: "Bei mehr als der Hälfte verlor oder verdünnte sich der Kontakt zu bisherigen Freunden (Isolation)."

Diese Ergebnisse aus einer Befragung von 304 geschiedenen Männern decken sich in etwa mit den unsrigen.

7.3.7. Neue Begegnungen

In diesem Abschnitt geht es darum, den zweiten Satz der Hypothese zu überprüfen: "Seine Tendenz, möglichst umgehend eine neue Beziehung aufzunehmen, ist deshalb erhöht."
Ich stütze mich dabei auf vier verschiedene Quellen:

1. "Das Bild des geschiedenen Mannes" von DORNIER und GUTZEIT.

2. "Begegnungsmöglichkeiten", wie sie in unserer eigenen Befragung von der Gruppe "Männer" eingestuft wurden.

3. "Situation des Geschiedenseins", wie sie in unserer eigenen Befragung von der Gruppe "Männer" erlebt wird.

4. Erfahrungen aus Gruppen und Einzelgesprächen.

7.3.7.1. "Das Bild des geschiedenen Mannes"

Im Kapitel "Hilfe nach der Scheidung" haben DORNIER und GUTZEIT erwogen, dass ein Drittel der Befragten sich intensiv der Arbeit oder einem Hobby zuwendet und sich damit von den Kontakt-Konflikten, wie sie durch die Scheidung aufgebrochen sind, zurückzieht.

Ein weiteres Viertel der Befragten fand Trost und Zuspruch bei einer Freundin. Die Autoren geben verschiedene Deutungsmöglichkeiten, wobei das Eingehen einer neuen Beziehung sich sowohl als Flucht vor der eigenen Problematik wie auch als tauglicher Versuch zu ihrer Verarbeitung erweisen kann. Bedingung zum Gelingen ist allerdings, dass die neue Partnerin bereit ist, "Hypotheken" aus der alten Beziehung zu übernehmen. Es handelt sich um "Trauerarbeit" im Rahmen einer neuen Beziehung.

Eine Wiederheirat wagten 28% der Befragten; 56% davon in den ersten zwei Jahren nach erfolgter Scheidung.

Ein Vergleich mit der Befragung geschiedener Frauen (DUSS VON WERDT) zum selben Punkt ergibt, dass nur 11% von 324 wieder verheiratet sind, 3% kurz vor ihrer zweiten Ehe stehen und 17,5% sich eine Gelegenheit dazu erhoffen.

Ein Grund für diesen prozentualen Unterschied ist daraus zu entnehmen, dass nur 20% der geschiedenen Männer eine ebenfalls geschiedene Frau ehelichen. In der Regel sind die neuen Partnerinnen ledig und vermutlich auch wesentlich jünger als die erste Frau.

Aus diesen Angaben ist abzuleiten, dass sich für geschiedene Männer die Vorstellung eines Neubeginns - und vielleicht auch einer Chance, sich selbst in der Rolle des Ehemanns "besser" zu erleben - mit einer Partnerin ohne Ehe-Erfahrung als aussichtsreicher darstellt.

7.3.7.2. Begegnungsmöglichkeiten

Nur drei der befragten Männer finden im Arbeitsbereich neue Kontaktmöglichkeiten, wobei diese aber nicht nach Geschlechtszugehörigkeit unterschieden werden.

Fünf der befragten Männer nahmen an den Selbsterfahrungsgruppen
teil. Sie alle haben unterschiedlich tiefe oder nahe Beziehungen
zu den in wesentlich grösserer Zahl anwesenden Frauen aufnehmen
können, die sich zum Teil über das Ende der Gruppenzeit hinaus
weiterentwickelt haben oder noch während dieser Zeit beendet
wurden.

Nur zwei Männer nennen für sich überhaupt keine Gelegenheit, um
sich Kontakte zu schaffen. Die übrigen benützen ihre Mitarbeit in
Politik, verschiedenen sozialen Gruppierungen, Musik etc. um
anderen Menschen mit ähnlichen Interessen zu begegnen. Sie alle
betonen die Wichtigkeit persönlichen Engagements für ihre Sache
als "Türöffner".

7.3.7.3. "Situation des Geschiedenseins"

Wie schwer diese Situation für den einzelnen Betroffenen ins
Gewicht fällt, wird augenfällig beim Durchlesen der entsprechen-
den Beurteilung. Eine echte Erleichterung ist bei einem einzigen
Manne spürbar.

Der Eindruck, dass sich die Welt mit Trennung und Scheidung weitgehend verändert hat, herrscht vor. Das Ausgerichtetsein auf die
durch das Eheversprechen gefestigte Zweierbeziehung hat offensichtlich dazu beigetragen, dass manche alltäglichen Verrich-
tungen und Probleme durch die Anwesenheit der Partnerin nicht
oder nur geringfügig spürbar wurden.

Vor allem sind es die beiden alleinerziehenden Männer, die sich
in dieser Aufgabe physisch und psychisch weitgehend erschöpfen.
Der Wunsch nach einer neuen Partnerschaft tritt zwar mehr oder
weniger deutlich zutage, wird aber wegen der fehlenden Zeit, neue
Kontakte anzuknüpfen und zu pflegen, mit Gefühlen von Trauer und
Hoffnungslosigkeit wieder beiseite geschoben.

Dass der Wunsch, eine neue Beziehung aufzunehmen, vorhanden ist, kommt in vielfach verschleiernden Formulierungen zum Ausdruck.

Einen deutlichen Hinweis in dieser Richtung ergibt auch die Einstufung zur Sexualität, wonach nur ein Drittel der befragten Männer für sich diesen Bedürfnisbereich auf befriedigende Weise zu leben vermochte. Sie alle standen zur Zeit der Befragung in einer festen Beziehung.

Eine weiterreichende Selbstunsicherheit empfinden zwei Männer besonders intensiv. Ihre Tendenz zur Selbstentwertung durch die Tatsache des Geschiedenseins wird dadurch manifest. Für sie bedeutet das Gefühl der Zugehörigkeit zu einer Partnerin ein wesentlicher Zuwachs an Selbstbewusstsein.

7.3.7.4. Erfahrungen aus Einzel- und Gruppengesprächen

In jeder der fünf gemischt geführten Selbsterfahrungsgruppen löste die Anwesenheit von ein bis zwei Männern schon in der Anfangsphase nachhaltige Reaktionen aus.

Viele Frauen fühlten sich oft massiv gehemmt und verunsichert. Vor allem dann, wenn ihre Eheerfahrung für sie die Uebernahme der Rolle der Minderwertigen, der Dummen, der Verschupften, der "gehorsamen Dienerin ihres Herrn und Gebieters" etc. beinhaltet hatte. Die anwesenden Männer wurden von ihnen umgehend in die Rolle des Ueberlegenen, Besserwissenden, kurz gesagt hin zum "Hahn im Korb" und zum "Pascha" gedrängt.

Frauen, die in der Ehe mit ihrer Feindseligkeit dem Manne gegenüber nicht hinter dem Berge gehalten hatten, versuchten, ihren Kampf um Ueberlegenheit und letztliche "Unberührbarkeit" bald auch in die Gruppe hineinzutragen und "die Männer" klein zu kriegen.

Die wenigen anwesenden Männer bekamen durch das numerische Ueberwiegen der Teilnehmerinnen ein breites Spektrum möglicher (weiblicher) Verhaltensweisen angeboten.

Bedingt durch die wachsende Offenheit zwischen den Gruppenmitgliedern und die Tatsache, dass alle mit vorwiegend schmerzlichen, verletzenden und quälenden Erfahrungen mit dem Partner hergekommen waren, entstand jeweils recht bald ein Klima von interessierter Zuwendung. Die Erfahrung, dass das Erleben von Männern und Frauen in der Scheidungssituation emotional gar nicht so verschieden zu sein braucht (wie sie sich ausgemalt hatten), hat Hemmungen gelockert. Die Bereitschaft, einander gegenseitig ernst zu nehmen und wiederum selbst ernstgenommen zu werden, war für viele nach der misslungenen Ehe eine geradezu grossartige Entdeckung. So war es auch verständlich, dass ein Einüben von Kommunikation und Kontakt bei einigen Männern den Mut zu weiteren und tieferen Begegnungen mit einer dazu ebenfalls motivierten Frau weckte.

Immer wieder zeigte sich dabei, dass vom früheren Partner her vertraute Wesenszüge an der Paarbildung mitgewirkt hatten. Sie wurden dann auch - oft innerhalb der Gruppenarbeit - als solche "demaskiert". Die neue Beziehung, die durch alte, unbewusste Verhaltensmuster gestört wurde, konnte auf diese Weise beim Auftauchen der häufig wohlbekannten Probleme angeschaut und so geklärt werden, dass ein weiteres Verbleiben der beiden Gruppenmitglieder in der Gruppe zwar anfangs schmerzlich, später jedoch besonders wertvoll wurde für die Beteiligten wie auch für die Gruppe als Ganzes.

7.3.8. Abschliessende Ueberlegungen

Die Tatsache des Geschiedenseins wirkt sich, wie wir das an verschiedenen Stellen gesehen haben, auf Männer und Frauen emotional ähnlich aus.

Meiner Meinung nach kann die Tendenz zu einer baldigen Aufnahme einer neuen Beziehung auf dem tradierten Rollenverständnis des Mannes beruhen, wonach der Mann eine Frau als Gefährtin <u>braucht</u>.

Z. MORENO schreibt: "Unser Selbstvertrauen ist abhängig von den Rollen, die wir im Leben übernehmen, und von deren Wertschätzung; zeitweise besteht unsere einzige Möglichkeit der Kommunikation mit anderen in unseren Rollen, die wir mit ihnen spielen. Wenn wir beginnen, unsere Rollen geringer zu bewerten, haben wir es schwer, nicht auch uns selbst geringer einzuschätzen."

Dieses Rollenbild ist weitgehend abhängig von der jeweiligen Gesellschaft und von den Wertvorstellungen, die die Erzieher mit "Mann" innerhalb der Familie einerseits verbal und andererseits als gelebtes Beispiel weiter vermittelt haben.

Für Männer, zu deren Rollenverständnis die Frau als zugeordnete Helferin und/oder "persönlicher Besitz" gehört, ist das Auseinanderbrechen ihrer Zweierbeziehung - ob dies nun durch Tod oder Scheidung geschieht - eine Katastrophe, die sie in ihrem "Halb-Sein" ratlos und hilflos werden lässt. Die eigene Identität und Individualität ist akut bedroht. Aus diesem Verlust des ergänzenden (weiblichen) Teils und der damit verbundenen Angst heraus wird oft nach Ueberwindung des ersten Schocks versucht, den Status quo ante möglichst rasch und vollständig wieder herzustellen.*

---

* Für viele Frauen ist die Situation insofern etwas anders, als mit ihrem tradierten Rollenmuster die Bewältigung der alltäglich anfallenden praktischen Aufgaben schon immer verbunden war. In diesem Bereiche ändert sich für sie also kaum etwas.

7.4. Hypothese 4

Eine Scheidung wird für die Partner meist deshalb unumgänglich, weil bei der Eheschliessung Unklarheiten inbezug auf den Inhalt der beiderseitigen Zielvorstellungen bestanden haben.

Resultat:
Beim Beleuchten vier verschiedener Faktoren, die zu oft unbewusst bleibenden Zielvorstellungen bei der Eheschliessung beitragen, kristallisierten sich folgende Fragen heraus:

- Welche Bedeutung hat die Ehe für mich/für dich?
- Welchem Ehemodell bin ich/bist du verhaftet?
- Welche Ehe-Ideologie verfolge ich/verfolgst du?
- Wie gehe ich/gehst du mit Sexualität in der Ehe um?

Für alle vier Fragestellungen erweisen sich überpersönliche, historisch, sozialpolitisch, ethisch und moralisch bedingte Faktoren als mitbestimmend für die Einstellung zu dem einzelnen Bereich.

Sie können nur geklärt werden über das gemeinsame Gespräch und die Bereitschaft, seine eigenen Bedürfnisse, Wünsche und Einstellungen zu erforschen und dem Partner als Basis zum Dialog mitzuteilen.

Im Rahmen einer Arbeit über Scheidung und ihre Folgen für das Identitätserleben der beiden getrennten Partner mag es eigenartig erscheinen, in einem abschliessenden Kapitel Ursachen allgemeiner Art nachzuspüren, die immer wieder zu Trennung und Scheidung führen.

Sowohl aus therapeutischen Einzel-, Paar- und Gruppengesprächen, wie aber auch aus eigenem Erleben heraus ist mir der Wunsch vertraut, bisher verborgene Zusammenhänge für das Scheitern der Beziehung zu entdecken und verstehen zu lernen. Auf dieser Suche bin ich da und dort auf Elemente gestossen, die sich als Steinchen zu dem Mosaik entpuppt haben, dessen Bild ich erkennen möchte.

7.4.1. "Wozu denn Ehe?"

Auf diese prinzipielle Frage bin ich sehr bald gestossen. Eine Antwort darauf habe ich bei S.M. JOURARD gefunden, der sein Referat an einer Tagung für Ehe- und Familienberater in St. Louis (USA) folgendermassen eingeführt hat: "Mit dem Titel "Ehe fürs Leben - zum Leben" meinte ich, dass das Leben durch die Heirat, d.h. durch die Ehe eine Erweiterung erfährt, und zwar nicht so sehr im Sinne einer Lösung, sondern viel eher als Suche. Als Suche nach dem, was Leben überhaupt bedeutet."

Für ihn meint "Leben" Wachstum, Entwicklung und Veränderung im Einklang mit sich selbst und mit der Umwelt. Es handelt sich dabei um einen Prozess, der Aufmerksamkeit, Offenheit, Zuwendung und den Dialog mit sich selbst und mit den andern voraussetzt.

Die gute Ehe ist für ihn dann sinnvoll, wenn sie im Dialog Veränderung bewirkt und auf diese Weise sowohl Wachstum wie Identität und ein Gefühl des Verwurzeltseins entstehen lassen kann. Sie ist ein Ort, den man als sein Heim bezeichnen kann. Aber wie jedes Heim muss man auch dieses in seiner derzeitigen Ausstattung einmal verlassen, um es in etwas veränderter Form wiederzufinden. Das Verheiratetbleiben mit dem gleichen Partner kommt in einer Zeit, wo eine auf vier Ehen geschieden wird, geradezu einem alternativen Lebensstil gleich.

Die Fragen vor der Eheschliessung lauten etwa: Will ich mit diesem Partner das Wagnis der gemeinsamen Wanderung durch sein und mein Leben eingehen und ihm und mir in unserem Wachstum, unserer oft unterschiedlichen Entwicklung Raum lassen und sie respektieren? Bin ich bereit, mich mit diesem Menschen auseinanderzusetzen? Will ich mich ihm öffnen, mit ihm im Gespräch bleiben, auch wenn wir einander manchmal Schmerz zufügen, weil wir beide Menschen sind, die leben wollen?

7.4.2. Das Modell der Ehe

Wenn Menschen sich nach einer ersten Phase der Verliebtheit und des Kennenlernens zur Heirat entschliessen, werden sie sich zwar um die Art des zukünftigen Lebensstils (Wohnung, Einrichtung, Kinder, etc.) Gedanken machen, kaum aber darüber, nach welchem "Ehemodell" sie ihr Zusammenleben gestalten wollen.

Jeder zukünftige Partner bringt die Erfahrungen mit der elterlichen Ehe mit ein. Er/sie hat gelernt, dass Ehe "so" ist - und möchte sie gleichfalls verwirklichen oder aber ganz anders gestalten. Dass es sich dabei um ein im Strudel des Alltags verzerrtes Abbild einer früher verpflichtenden Vorstellung von Ehe war, dringt kaum noch durch.

Für unsere Elterngeneration ist meist die "Verschmelzungsehe" nach ROUSSEL oder "Liebesehe" nach WAGNEROVÁ verbindlich gewesen. Es geht bei diesen Formen darum, die Liebesbeziehung des Paares als Motivation zur Ehe anzuerkennen. In Verbindung damit sieht die Gesellschaft - und als ihr Exponent der Staat - die Möglichkeit einer Scheidung vor, wenn das Liebesgefühl, das zur Eheschliessung geführt hat, schwindet.

Das Modell an sich hat statischen Charakter. Eine Veränderung, Wandlung im emotionalen - und damit verbunden erotischen und sexuellen - Bereich ist nicht vorgesehen. Die Partner, die mehr oder weniger bewusst Langeweile im ehelichen Alltag zu verspüren beginnen, greifen entweder zu den vielen Tricks des Ausweichens und des Falschspielens, um den Schein der "idealen Liebesehe" aufrecht zu erhalten, oder aber sie ziehen die Konsequenzen und trennen sich.

Tragisch ist eine solche Entwicklung für einen Partner, dem das, was er in seiner Ehe lebt und bekommt, offenbar genügt. Dies würde auf unterschiedliches individuelles Wachstum in dieser Beziehung hindeuten. Oft ist es bei Frauen anzutreffen, die durch ihre Aufgabe als Hausfrau und Erzieherin der Kinder in relativ engem Rahmen entsprechend weniger Anreize zu Veränderungen bekommen als ihre Ehegatten, die ausserhalb der Familiensphäre ihren beruflichen Pflichten nachgehen und dort mit einem Kreis von Menschen in Kontakt kommen, die ihnen Abwechslung und Farbigkeit in ihr Leben bringen.*

Die Fragen *vor* der Eheschliessung lauten etwa:

Wie sieht "Ehe" rund um mich herum aus? Will ich als der Mensch, der ich bis heute geworden bin, das übernehmen und leben, was augenscheinlich so viele Menschen mit solch verhärmten und unglücklichen Gesichtern herumlaufen lässt? Ich weiss zwar, dass es keinen Weg durchs Leben gibt, der gänzlich frei ist von Schmerz, Leiden oder von Einsamkeit und Furcht. Habe ich nicht die Möglichkeit, dem "Du", das mir begegnet ist, das mich berührt hat, mich täglich neu zuzuwenden, mit ihm im Dialog zu bleiben - ohne Modell?

---

* In unserer Befragung bezeichnen 85,7% der Frauen den in der Geschiedenen-Situation für sie häufig neuen Arbeitskreis als möglichen Ort neuer Begegnungen.

7.4.3. Die Ehe-Ideologie

Die feinen Differenzierungen in der Entwicklung der Ehe im Laufe der Jahrhunderte hat WAGNEROVÁ herausgearbeitet. Sie zeigt auf, wie vor etwa 200 Jahren noch keinem Anwärter auf den Ehestand eingefallen wäre, von seinem künftigen Lebenspartner die ewige Liebe zu verlangen. Liebe und Ehe waren zwei verschiedene Dinge, die allerdings eine emotionale Beziehung zwischen den Eheleuten keineswegs ausschloss. Für die auf Dauer angelegte eheliche Beziehung gelten am ehesten Begriffe wie Verbundenheit, Solidarität, Zusammengehörigkeit, Nachsicht und Wärme. Sie steht und fällt mit dem Akzeptieren der ganzen Persönlichkeit des andern mitsamt seinen Stärken und Schwächen.

Gerade diese Qualitäten erklären auch, warum Trennungsprozesse nach längerem Zusammenleben - trotz der manifesten Zerwürfnisse - so ungemein schmerzlich sein können, sind doch mit jedem Gegenstand, der seinen neuen Standort finden muss, Erinnerungen an Gemeinsames unauflösbar verknüpft.

Die Vorstellung von der allmächtigen Kraft der Liebe beherrscht unser Ehebild. Von der romantischen Liebesgeschichte des Kennenlernens bis hin zur Ehebeziehung, die sich im Alltag bewähren soll, ist ein Weg der Wandlung gemeint - leider oft mit negativem Aspekt. Dieser Ehe-Ideologie zufolge ist nämlich mit der Heirat die spannende Suche nach dem "schicksalshaft einzig möglichen Partner" auch schon zu Ende. Die Liebesbeziehung, die an sich aus dem Augenblick lebt, wird zur Stütze der Institution Ehe umfunktioniert.

Mit der Liebe verbunden wird auch die Glückserwartung an die Ehe gekoppelt. Daraus entsteht ein gewaltiger Druck auf die beiden Partner, die sich damit für dieses als "Muss" vermittelte Eheglück verantwortlich zu fühlen haben.

"Liebe" und "Glück" als Ehe-Ideologie und entsprechende Erwartungen an den Partner führen - unreflektiert - häufig zu Krisen innerhalb der Beziehung. Glück und Liebe können sich nur Menschen gegenseitig schenken - und niemals, weil es zu einer Idealvorstellung gehört, sondern weil Liebe in ihnen aufblüht, wächst und sie sie dem andern zeigen wollen, ihn daran teilhaben lassen.

Als eine wesentliche Komponente der Liebe kann das Bedürfnis nach dem "Eins-werden" mit einem andern Menschen gesehen werden. Mit ihrer Anlage auf Dauer stützt die Institution Ehe dieses Bedürfnis und erschwert - als entsprechende Ideologie vertreten - das kreative Umgehen mit Wandlung und Veränderung im emotionalen Bereich. Mit der Forderung nach totaler Identität und der oft rigorosen gegenseitigen Kontrolle der Partner wird Ehe zum Gefängnis für jenen, der seiner Bedürfnisse nach eigener Identität und damit Abgrenzung vom Partner gewahr wird.

Mit dem Anspruch auf eine solche totale Identität verknüpft, wird der Partner, "ohne den ich nicht leben kann", automatisch zum Besitz degradiert und damit zum frei verfügbaren Objekt, "das mir jeden Wunsch von den Augen abliest".

Welch verheerende Wirkung die Ideologien von der "ewig dauernden Liebe", vom "totalen Einssein" und vom "Nur-füreinander-da-Sein" auf die Beziehung eines Paares ausüben, tritt in den meisten Beratungen und Therapien schon nach kürzester Zeit zutage, und damit schiebt sich das Thema in den Mittelpunkt der Gespräche.

Die Fragen vor der Eheschliessung lauten etwa:

Bin ich bereit, ein Eheversprechen zu leisten, das von mir fordern (könnte), mich selbst zugunsten eines gemeinsamen, untrennbaren Wir aufzugeben? Oder will ich mit einem eigenständigen, seiner selbst bewussten Partner meinen weiteren Weg gemeinsam gehen? Kann ich das Gefühl, manchmal allein und auf mich selbst gestellt zu sein, auch aushalten, wenn ich verheiratet, d.h. im Volksmund "versorgt" bin?

7.4.4. Sexualität: Freipass in der Ehe?

Es gibt kaum eine Trennung oder eine Scheidung, bei der Sexualität und Erotik nicht bald zum zentralen Gesprächsthema werden.

Eng mit körperlichem und psychischem (Wohl-)Befinden verbunden, vollzieht sich in allen Beziehungen nach der Phase der Werbung und später nach den Flitterwochen mit den Empfindungen des Einmaligen, Wunderbaren eine Wandlung, die an das Selbst-Bewusstsein und das Identitätsgefühl der Partner hohe Anforderungen stellt.

Der Rhythmus des Ehealltags lässt die Anwesenheit des andern zur Gewohnheit werden. Die Gewohnheit hat die Macht, nach und nach Lebendigkeit zu betäuben und das Bewusstsein auszuschalten. Die Fähigkeit, den Partner noch als unwiderstehlich oder einzigartig und daher begehrenswert zu erleben, verbindet sich immer mehr mit der Stärke des Sexualtriebs. Wer nicht gelernt hat, sich offen zu halten für den Partner und ihm auch Zärtlichkeit als Form der Zuneigung entgegenzubringen, gerät früher oder später in Krisen, die ausserordentlich kränkend und schmerzlich sein können.

Der Wunsch nach Körperkontakt ist aber nicht nur abhängig von der Intensität des Sexualtriebs, sondern oft in weit höherem Masse gesteuert bis blockiert von ethischen und moralischen, durch Religion und Kirche vertretenen Grundsätzen, Geboten und Verboten. Seien diese nun direkt durch die Kirche oder indirekt über eine einengende, prüde, oft auch körperfeindliche Erziehung weitergegeben worden, ist wenig von Belang. Eindrücklich ist vor allem das Leiden so vieler Männer und Frauen an eigenen sexuellen Bedürfnissen, die - ausser zur Zeugung eines Kindes - als "Sauerei" und Tabu erlebt werden.

Auf der andern Seite fühlen sich Frauen durch die auf die blosse Befriedigung des Geschlechtstriebs reduzierten körperlichen Begegnungen mit ihren Ehemännern zu wenig als "Menschen mit einer Seele" erkannt, die ihre Nahrung in der Form behutsamer Zärtlichkeit und Eingehen auf ihre individuellen Bedürfnisse brauchen, um für den Geschlechtsakt eingestimmt und bereit zu sein. Dann wird er als Form des Dialogs zu echter Begegnung und dadurch im Sinne Martin Bubers zu wirklichem Leben.

Die Fragen _vor_ der Eheschliessung lauten etwa:

Kenne ich mich selbst und meine Bedürfnisse leiblicher, geistiger und seelischer Art genügend, um meinem Partner mitzuteilen, was mir gut tut und was mich schmerzt? Bringe ich es über mich, ehrlich zu meinen Bedürfnissen sexueller und erotischer Art zu stehen und sie weder vor mir selbst noch vor meinem Partner zu verleugnen noch sie zu überspielen?

7.4.5. Abschliessende Ueberlegungen

Beide Partner bringen, geprägt durch die familiäre und soziale Herkunft und ihre individuellen Lernprozesse, ihre Vorstellungen über die Ehe als "normale" Ansprüche ein. Sie versuchen, sie - meist stillschweigend - mit Hilfe des Ehegatten im Sinne einer Lebensaufgabe zu realisieren.

Dieser ganze familiäre und soziale Hintergrund, auf dem sich das Lernen abspielt, bleibt in den meisten Fällen dem späteren Partner - weil in der Vergangenheit lokalisiert - weitgehend verborgen.

Menschen, die gelernt haben, aufmerksam wahrzunehmen und ihre
Wahrnehmungen im Dialog mit anderen auszusprechen und zu verifi-
zieren, haben für das Aufnehmen einer intensiven Zweierbeziehung
einen Vorteil. Sie setzen ihre eigenen "normalen" Ansprüche nicht
für den Partner als selbstverständlich und dadurch verbindlich
voraus, sondern geben ihm so die Chance, nachzufragen oder zu
intervenieren.

Durch die vier verschiedenen Themenkreise ist ein gemeinsamer
roter Faden zu verfolgen.

Für das Gelingen einer Ehe ist es notwendig, den Dialog auch dann
nicht abbrechen zu lassen, wenn Wut, Kränkung, Eifersucht,
Schmerz und Gefühle der Zurückweisung durch den Partner im
Mittelpunkt stehen. JOURARD sagt dazu und bekräftigt damit meine
eigene Sicht:

"Eine Ehe, die als lebenslanger Dialog geführt wird, ist für mich
ein vitales Modell, eines, das stets neues Leben und Wachstum
hervorbringt, je weiter das Gespräch sich entfaltet. ... Die Ehe
ist nicht die Lösung aller Probleme, sondern ein Forschen, ein
Prozess, eine Suche nach Leben, so wie das Gespräch eine Suche
nach Wahrheit ist. Die gestrige Ehe oder Art der Eheführung ist
eine Falle für das Heute. Der Falle zu entkommen, gelingt nur
über das Gespräch: Nicht es zu beenden, ist die Lösung, sondern
es wieder aufzunehmen, es sei denn, man habe sich gelobt, nicht
zu wachsen und sich nicht zu verändern."

8. Zusammenfassung

Ausgehend von der Erfahrung mit sechs Selbsterfahrungsgruppen und Einzeltherapien mit Getrenntlebenden und Geschiedenen in den Jahren 1978 - 1983 wurde die Auswirkung von Trennung und Scheidung auf das Identitätserleben der Betroffenen untersucht.

Zu diesem Zwecke wurde ein Fragebogen auf der Basis der fünf Säulen der Identität (H. Petzold, 1980) konzipiert. Die Resultate der Umfrage wurden - ergänzt durch Erfahrungen innerhalb der Gruppenprozesse und in den Einzeltherapien - verschiedenen theoretischen Ansätzen über Ehe und Scheidung und vor allem einer wissenschaftlichen Dokumentation über Scheidung in der Schweiz gegenübergestellt.

Die Hypothese, wonach die verschiedenen Bereiche (Säulen) der Identität durch eine Scheidung labilisiert werden, konnte weitgehend - wenn auch je nach Untergruppe in unterschiedlichem Ausmasse - bestätigt werden.

Hervorzuheben ist, dass Trennung und Scheidung bei beiden Geschlechtern intensive emotionale und stimmungsmässige Reaktionen hervorrufen. Diese konzentrieren sich je nach den individuellen Lebensumständen - und teilweise auch der Geschlechtszugehörigkeit - auf die durch die Trennung am nachhaltigsten betroffenen Bereiche.

Für die therapeutische Arbeit mit akut oder auch schon etwas länger Betroffenen erweist sich das Identitätskonzept insofern als zweckmässig, als die verschiedenen Bereiche für den Klienten klar strukturiert und erfassbar gemacht werden können. Im Chaos einer akuten Krise eine Möglichkeit zu schaffen, rasch zu einem realistischen Ueberblick zu verhelfen und sich damit auf die noch belastbaren, tragfähigen Anteile abzustützen, wirkt für den Therapeuten und den Klienten entlastend.

ANHANG

FRAGEBOGEN :   SELBSTERFAHRUNGSGRUPPE CHRIST UND WELT
                " GETRENNT - WIE WEITER ? "

NAME:
(darf auch weggelassen werden)

Ich habe im Jahre ..... in der Selbsterfahrunggruppe bei
Marlies Studer mitgearbeitet.

1.1 Bitte beschreibe kurz 1 - 2 für Dich angenehme, erfreuliche
    Erlebnisse in/ mit der Gruppe:

1.2. Bitte beschreibe kurz 1 - 2 unangenehme, schmerzliche oder
     belastende Erlebnisse in/mit der Gruppe:

1.3 Welches ist - aus heutiger Sicht - Dein nachhaltigstes Erlebnis

2. **Mein Körper**

2.1 Essgewohnheiten:

Ich esse)*

viel	wenig	vom Erleben abhängig	regelmässig	unregelmässig	nach Lust und Laune
☐	☐	☐	☐	☐	☐

am Tisch	zwischendurch	aus dem Kühlschrank
☐	☐	☐

Ich decke für mich selber den Tisch   ja   nein

Ich achte auf gesunde, abwechslungs-
reiche Kost   ja   nein

Ich esse in der Kantine/Restaurant   ja   nein

2.2 Schlaf:

Ich schlafe)*

mehr	weniger	gleich	ruhiger	unruhiger	wie vor der Trenn
☐	☐	☐	☐	☐	

ohne Medikamente	mit Medikamenten	mit Alkohol
☐	☐	☐

2.3 Sexualität:

fehlt mir	kein Problem	unbefriedigend	nicht gelöst
☐	☐	☐	☐

2.4 Krankheiten während der Gruppenzeit:

nachher:

2.5 Körperliche Leistungsfähigkeit:

gut	ausreichend	geschwächt	stark beeinträchtigt
☐	☐	☐	☐

2.6 Welche Genussmittel (Zigaretten etc.)/ Medikamente benötige ich heute regelmässig ?

---

3. Meine Stimmungen nach der Trennung (im Gegensatz zur Ehe)*

heiter	ausgeglichen	düster	stark wechselnd	deprimiert
☐	☐	☐	☐	☐

erleichtert	erlöst
☐	☐

)* bitte Zutreffendes bezeichnen/ankreuzen

4. Meine Kontakte nach der Trennung
   (Beschreibe bitte kurz mit 2 - 3 Eigenschaftswörtern)

4.1 Zum früheren Partner

4.2 Zu den gemeinsamen Kindern

4.3 Zu meiner Herkunftsfamilie

4.4. Zur Familie meines früheren Partners

4.5 Zu gemeinsamen Freunden und Bekannten

4.6 Zu den Nachbarn

4.7 Neue Begegnungen:
    4.71 Bei der Arbeit

    4.72 In der Gruppe

    4.73 Bei welchen andern Gelegenheiten ?

---

5. Meine materielle Situation nach der Trennung:)*
5.1 Ich bekomme Alimente; die Regelung ist für mich

    fair   angemessen   unbefriedigend   katastrophal
    ☐   ☐   ☐   ☐

5.2 Ich bezahle Alimente; die Regelung ist für mich

    fair   angemessen   unbefriedigend   katastrophal
    ☐   ☐   ☐   ☐

5.3 Ich bekomme keine Alimente :
    Diese finanzielle Situation belastet mich

    nicht   ein wenig   nur zeitweilig   stark   ausserordentlich
    ☐   ☐   ☐   ☐   ☐

5.4 Wohnung:

    ich bleibe in   muss in klei-   meine Wohnsituation
    der früh.Wohnung   nere Wohnung   ist heute besser
                       umziehen
    ☐   ☐   ☐

6. Meine Arbeitssituation seit der Trennung)*

6.1 Ich habe dieselbe Arbeitsstelle behalten

6.2 Ich arbeite voll in Haushalt und Erziehung

6.3 Ich bin in den erlernten Beruf zurückgekehrt

   Vollzeit   Teilzeit   wieviel % ?
   ☐   ☐   ☐

6.4 Ich habe eine Aushilfsstelle angenommen, die unter meinem erlernten Beruf bezahlt wird

   Vollzeit   Teilzeit   wieviel % ?
   ☐   ☐   ☐

6.5 Ich schule mich um   ☐

6.6. Ich bilde mich weiter   ☐

6.7. Ich bin mit meiner Arbeitssituation

   zufrieden   teilweise zufrieden   unzufrieden
   ☐   ☐   ☐

---

7. Wie erlebe ich meinen persönlichen Wert nach der Trennung ? (Beschreibe bitte kurz mit 2 - 3 Eigenschaftswörtern, z.B. "akzeptiert", "abgelehnt" etc.)

7.1 In meiner Herkunftsfamilie

7.2 Im Bekannten- und Freundeskreis

7.3 Im Wohnquartier

7.4 Am Arbeitsplatz

7.5 In meiner eigenen Beurteilung

---

8. Wie wirkt sich die Tatsache, dass Du getrennt / geschieden bist <u>heute</u> für Dich aus ?

9. Was hat sich in Deinem Leben seit dem Abschluss der Selbsterfahrungsgruppe grundlegend geändert ?
   (Bitte beschreibe kurz)

---

10. Haben sich Beziehungen zu Leuten, die Du in der Gruppe kennen gelernt hast, weiter entwickelt ?

Herzlichen Dank für Deine Mühe!

Basel, Ende April 1983
M.St.

Literatur

Döbert R. et al. (1980) zit. in Petzold: Vorüberlegungen und Konzepte zu einer integrativen Persönlichkeitstheorie (S. 180) 1982.

Dornier M., Gutzeit M. (1978), Das Bild des geschiedenen Mannes. Eine Untersuchung zur Situation Geschiedener. Diplomarbeit am Seminar f. Angew. Psychologie, Zürich 1980.

Duss-von Werdt J., Fuchs A., Scheidung in der Schweiz. Eine wissenschaftliche Dokumentation. Veröffentlichungen des Instituts für Ehe und Familie, Zürich 1980.

Duss-von Werdt J., Welter-Enderlin R., Der Familienmensch. Systemisches Denken und Handeln in der Therapie. Klett-Cotta, Texte zur Familiendynamik, Stuttgart 1980.

Fromm E. "Haben oder Sein", Deutsche Verlags-Anstalt GmbH, Stuttgart 1976.

Fuchs A. Krankheit und Scheidung. In: Duss von Werdt/Fuchs: Scheidung in der Schweiz. Eine wissenschaftliche Dokumentation. Veröffentlichungen des Instituts für Ehe und Familie, Zürich 1980.

Jourard S.M. "Ehe fürs Leben - Ehe zum Leben". Plenarvortrag an der Jahrestagung der American Association of Marriage and Family Counselors (1974). Publiziert in: Familien-Dynamik, 7. Jahrgang, Heft 2, April 1982. Klett-Cotta, Stuttgart.

Krantzler M. Der Weg aus dem Scheidungsschock. Scherz-Verlag, Bern, München, Wien 1975.

Laing R.D. Das Selbst und die Anderen. Kiepenheuer & Witsch, Köln 1973.

Le Shan L. Psychotherapie gegen den Krebs. Klett-Cotta, Stuttgart 1982.

Moreno J.L. Soziodrama (1943). In: Petzold/Mathias: Rollenentwicklung und Identität, Verlag Junfermann, Paderborn 1982.

Moreno J.L. Ein Bezugsrahmen für das Messen von Rollen
(1940). In: Petzold/Mathias: Rollenentwicklung
und Identität, Verlag Junfermann, Paderborn
1982.

Moreno Z. Rollenmüdigkeit (1980). In: Petzold/Mathias:
Rollenentwicklung und Identität, Verlag
Junfermann, Paderborn 1982.

Paul N.L. Scheidung als äusserer und innerer Prozess.
Referat. In: Familiendynamik, 5. Jahrgang,
Heft 3, Juli 1980, Klett-Cotta, Stuttgart.

Perls F.S., Hefferline R.F., Goodman P., Wiederbelebung des
Selbst/Gestalt-Therapie. Konzepte der Humanwissenschaften Klett-Cotta, Stuttgart 1981.

Petzold H. Vorüberlegungen und Konzepte zu einer integrativen Persönlichkeitstheorie (1981), in:
Petzold/Mathias: Rollenentwicklung und Identität, Verlag Junfermann, Paderborn 1982.

Petzold H. Gestaltdrama, Totenklage und Trauerarbeit, in:
Dramatische Therapie, Hippokrates-Verlag,
Stuttgart 1982.

Ricci I. Meine Eltern sind geschieden. dtv Sachbuch
1280, Deutscher Taschenbuch Verlag, München
1982.

Roussel L. Ehen und Ehescheidungen. Vortrag 1979. In:
Familiendynamik, 5. Jahrgang, Heft 3,
Juli 1980. Klett-Cotta Stuttgart.

Stollberg D. Nach der Trennung. Beratungsreihe. Verlag
Kaiser/Grünewald, München/Mainz 1974.

Verbindung Schweizer Aerzte: Schlafmittelkonsum in der Schweiz.
Pressebericht August 1984.

Wagnerová A. Scheiden aus der Ehe. Anspruch und Scheitern
einer Lebensform. Untersuchungen, Erfahrungsberichte, Erkenntnisse. Sachbuch rororo 7302.
Rowohlt Taschenbuch Verlag, Reinbek 1982.

Willi J. Die Zweierbeziehung. Rowohlt Verlag, Reinbek
1975.

Willi J. Therapie der Zweierbeziehung. Rowohlt Verlag,
Reinbek 1978.

Schweizerisches Zivilgesetzbuch. Ausgabe 1969. Herausgeber:
Bundeskanzlei, Bern.